George Soros

Gedanken und Lösungs-
vorschläge zum Finanzchaos
in Europa und Amerika

Die Originalausgabe erschien unter dem Titel
Financial Turmoil in Europe and the United States: Essays
ISBN 978-1-61039-152-8

© Copyright der Originalausgabe 2012:
Copyright © 2012 by George Soros.
Published in the United States by PublicAffairs™, a Member of the Perseus
Books Group.
All rights reserved.

© Copyright der deutschen Ausgabe 2012:
Börsenmedien AG, Kulmbach

Übersetzung: Egbert Neumüller
Gestaltung Titel: Johanna Wack, Börsenbuchverlag
Gestaltung, Satz und Herstellung: Martina Köhler, Börsenbuchverlag
Lektorat: Claus Rosenkranz
Druck: GGP Media GmbH, Pößneck

ISBN 978-3-864700-13-2

Alle Rechte der Verbreitung, auch die des auszugsweisen Nachdrucks,
der fotomechanischen Wiedergabe und der Verwertung durch Datenbanken
oder ähnliche Einrichtungen vorbehalten.

Bibliografische Information der Deutschen Nationalbibliothek:
Die Deutsche Nationalbibliothek verzeichnet diese Publikation in der
Deutschen Nationalbibliografie; detaillierte bibliografische Daten
sind im Internet über <http://dnb.d-nb.de> abrufbar.

BÖRSEN **N** MEDIEN
AKTIENGESELLSCHAFT

Postfach 1449 • 95305 Kulmbach
Tel: +49 9221 9051-0 • Fax: +49 9221 9051-4444
E-Mail: buecher@boersenmedien.de
www.plassen.de

Inhalt

Teil III
2010: Die Krise wird global

Teil IV
2011: Die Eurozone

Einführung von George Soros

Die zweite Runde der Finanzkrise:
Die Kernschmelze der Eurozone
und ihre Verursachung durch die Super-Blase

Die vorliegende Sammlung von Artikeln, die überwiegend in der *Financial Times* und in der *New York Review of Books* erschienen sind, bildet eine Fortsetzung meiner vorherigen Bücher über die Finanzkrise – „Das Ende der Finanzmärkte – und deren Zukunft: Die heutige Finanzkrise und was sie bedeutet" und „Die Analyse der Finanzkrise … und was sie bedeutet – weltweit". Sie erzählt die Geschichte der Super-Blase, die, wie ich behaupte, im Jahr 1980 begonnen hat und immer noch besteht.

Als 1980 Ronald Reagan zum Präsidenten der Vereinigten Staaten gewählt wurde und Margaret Thatcher Premierministerin des Vereinigten Königreichs war, wurde der Marktfundamentalismus zum weltweit vorherrschenden Glaubensbekenntnis. Marktfundamentalisten sind überzeugt, die Finanzmärkte würden für die optimale Verteilung der Ressourcen sorgen, wenn nur die Regierungen aufhören würden, sich in sie einzumischen. Sie leiten diese Überzeugung aus der Theorie von der Markteffizienz und aus der Theorie der rationalen Erwartungen ab.

Diese nur Eingeweihten bekannten Lehren basieren zwar auf gewissen Annahmen, die für die wirkliche Welt kaum relevant sind, aber sie sind trotzdem sehr einflussreich geworden. Sie beherrschen die wirtschaftswissenschaftlichen Fakultäten der führenden amerikanischen Universitäten und von da aus hat sich ihr Einfluss überall ausgebreitet. In den 1980er-Jahren wurden sie zu Leitlinien der Wirtschaftspolitik der Vereinigten Staaten und des Vereinigten Königreichs. Diese Länder machten sich daran, die Finanzmärkte zu deregulieren und zu globalisieren. Diese Initiative breitete sich aus wie ein Virus. Den einzelnen Ländern fällt es schwer, sich dagegen zu wehren, weil es die Globalisierung ermöglicht, dass sich Finanzkapital der Regulierung und Besteuerung entzieht – und die einzelnen Länder kommen nicht ohne Finanzkapital aus.

Leider ist der grundlegende Lehrsatz des Marktfundamentalismus schlicht und einfach falsch: Wenn man die Finanzmärkte sich selbst überlässt, streben sie nämlich nicht zwangsläufig einem Gleichgewicht zu – genauso neigen sie dazu, Blasen zu produzieren. Die Geschichte zeigt, dass die Finanzmärkte seit ihrer Entstehung immer wieder Finanzkrisen verursacht haben. Jede Krise veranlasste die staatlichen Stellen zu Reaktionen. Auf diese Weise haben sich die Finanzmärkte Hand in Hand mit dem Notenbankwesen und der Regulierung der Märkte entwickelt.

Als ich meine Laufbahn in der Finanzwelt startete, waren die Banken und die Währungen streng reguliert. Das war das Vermächtnis der Großen Depression und des Zweiten Weltkriegs. Als die Weltwirtschaft nach den Maßgaben von Bretton Woods normiert wurde, begann eine Wiederbelebung der Finanzmärkte. Aber die Finanzmärkte waren weit entfernt davon, zu einem Gleichgewicht zu neigen. Sie erzeugten vielmehr Ungleichgewichte, die zur stufenweisen Abschaffung des Bretton-Woods-Systems führten.

Die Finanzbehörden funktionieren sogar noch unvollkommener als die Märkte. In den 1970er-Jahren ließ es die keynesianische Politik, die von der Großen Depression beeinflusst worden war, zu, dass Inflation entstand. Zwei aufeinander folgende Ölkrisen führten zu großen

Überschüssen der Erdöl produzierenden Länder und zu großen Defiziten der Ölimporteure. Die Ungleichgewichte zwischen ihnen wurden durch Geschäftsbanken vermittelt. Damals begannen die Banken, sich aus der Zwangsjacke zu befreien, die ihnen die Regulierung angelegt hatte. Jedes Mal, wenn das Finanzsystem in ernste Probleme geriet, griffen die Behörden ein. Sie liquidierten bankrotte Institutionen oder sie fusionierten sie zu größeren Institutionen. Die erste systemweit bedeutende Störung trat 1973 im Vereinigten Königreich auf, als unregulierte sogenannte Fringe Banks wie Slater Walker die Clearingbanken gefährdeten, die sie finanzierten. Die Bank of England intervenierte bei den Fringe Banks, um die Clearingbanken zu retten, obwohl die Fringe Banks eigentlich nicht in ihren eigentlichen Zuständigkeitsbereich fielen. Dadurch wurde ein Muster vorgezeichnet, das später im Rahmen der Super-Blase wieder befolgt wurde: Wenn das System in Gefahr ist, werden die üblichen Regeln aufgehoben. Diese Phänomen bekam einen Namen: „Moral Hazard" oder „subjektives Risiko".

Blasen sind durch die ungesunde Ausweitung von Kreditaufkommen und Fremdfinanzierung/Hebelwirkungen gekennzeichnet. Der staatliche Eingriff erzeugte dadurch die Super-Blase, dass er verhinderte, dass gewöhnliche Blasen ihren normalen Verlauf nahmen. Die Behörden kümmerten sich um Institutionen, die vor der Pleite standen, und wenn die Konjunktur gefährdet war, erhöhten sie die Geldmenge oder legten Konjunkturpakete auf.

Die erste internationale Bankenkrise der Super-Blase trat 1982 ein, als die Kredite, die souveränen Staaten in der Inflationszeit der 1970er-Jahre gewährt worden waren, untragbar wurden und zusammenbrachen. Die internationalen Währungsbehörden taten sich zusammen und nutzten ihren Einfluss, um die Banken dazu zu „überreden", dass sie ihre Darlehen verlängerten und den eigentlich bankrotten Ländern genug Geld für ihre Zinszahlungen liehen. Das Bankensystem war gerettet und die schwer verschuldeten Länder wurden einer strengen Disziplin unterworfen. Irgendwann hatten die Banken dann ausreichende Reserven aufgebaut, damit sie die aufgelaufenen Schulden auf

Niveaus abschreiben konnten, die zu verkraften waren. Zu diesem Zeitpunkt wurden die sogenannten Brady-Bonds eingeführt, um eine geregelte Umschuldung zu ermöglichen. Lateinamerikanische Länder und andere Schuldnerländer verloren im Rahmen dieses Vorgehens ein Jahrzehnt Wachstum.

Eine Reihe örtlich begrenzter Finanzkrisen wurde auf ähnliche Art eingedämmt – am denkwürdigsten war der amerikanische Sparkassenskandal Mitte der 1980er-Jahre. Die nächste größere internationale Krise begann 1997. Sie startete in Asien, wo mehrere Länder ihre Währungen an den Dollar gebunden und ihr Binnenwachstum mit Krediten finanziert hatten, die auf Dollar lauteten. Irgendwann machte die Anhäufung von Außenhandelsdefiziten die Dollarbindung unhaltbar, und als die Bindung zerbrach, wurden viele Kredite faul. Wieder einmal schützte der Internationale Währungsfonds die Banken und unterwarf die Schuldnerländer einer strengen Disziplin. Von Asien aus breitete sich die Krise in andere Teile der Welt aus. In Russland ließ sich der Staatsbankrott nicht vermeiden. Das wiederum legte die Verwundbarkeit von Long-Term Capital Management (LTCM) bloß, eines extrem stark fremdfinanzierten Hedgefonds, der höchst ausgeklügelte Methoden des Risikomanagements einsetzte, die auf der Theorie der Markteffizienz beruhten. Dies stellte eine echte Bedrohung für das weltweite Finanzsystem dar, weil die meisten der größten Banken sowohl an der Kreditvergabe an LTCM beteiligt waren als auch auf eigene Rechnung die gleichen Positionen hielten. Die Federal Reserve Bank of New York brachte Vertreter der Großbanken in einem Raum zusammen und überredete sie dazu, LTCM zu retten. Die Kernschmelze wurde verhindert und die Super-Blase wuchs weiter.

Die nächste wichtige Episode war die Hightech-Blase, die 2000 platzte. Sie war anders als die anderen Blasen, weil sie eher von der Überbewertung von Aktien gespeist wurde als von einer ungesunden Ausweitung von Kreditaufkommen und Fremdfinanzierung. Trotzdem senkte die Federal Reserve die Zinsen, letztlich auf ein Prozent, als die Blase platzte, um eine Rezession zu verhindern. Alan Greenspan hielt die Zinsen zu lange zu niedrig. Dies ließ einen Häuserboom aufkommen, der im Jahr 2006 seinen Höhepunkt erreichte, im August 2007 eine Finanzkrise verursachte und mit dem Crash vom Oktober 2008 endete.

Auch diese Häuserblase unterschied sich von der gängigen, normalen Sorte von Immobilienblasen. Sie zeichnete sich durch den verbreiteten Einsatz von synthetischen Finanzinstrumenten und ausgeklügelten Methoden des Risikomanagements aus, die auf der Theorie der Markteffizienz basierten. Diese Theorie nimmt an, dass Finanzmärkte einem Gleichgewicht zustreben, das von einer universell und zeitunabhängig gültigen wissenschaftlichen Theorie bestimmt wird. Sie versäumte es allerdings, die Auswirkungen zu berücksichtigen, welche diese Instrumente und Methoden auf das Verhalten der Finanzmärkte hatten. Zum Beispiel wurden Hypothekendarlehen in Collateralized Debt Obligations (CDOs) umgewandelt. Diese forderungsbesicherten Schuldverschreibungen beruhten auf der Annahme, die Immobilienpreise würden niemals in den gesamten Vereinigten Staaten einheitlich fallen. Deshalb dachte man, die CDOs würden dank der geografischen Diversifizierung das Risiko senken. Doch in Wirklichkeit erzeugte der verbreitete Einsatz von CDOs einen landesweiten Boom, der in einem landesweiten Zusammenbruch endete – ein nie da gewesenes Ereignis. Ähnlich war es mit dem Einsatz ausgeklügelter Risikomanagement-Methoden. Sie kontrollierten gewisse Risiken zwar effizient, aber sie übersahen die nicht quantifizierbare oder Knight'sche Unsicherheit. Deshalb waren die Finanzinstitutionen auf die Bewältigung des Zusammenbruchs schlecht vorbereitet. Überdies weitete die Verwendung synthetischer Instrumente die Reichweite der Blase über den Häusermarkt hinaus aus. Es waren mehr CDOs ausgegeben worden, als es Hypothekendarlehen gab. Als der Zusammenbruch kam, beschränkte er sich daher nicht auf den Markt für Subprime-Hypotheken, sondern verursachte Störungen im gesamten internationalen Bankensystem. Die Marktteilnehmer und die Regulierer – beide durch eine fehlerhafte Doktrin irregeleitet – waren überrascht.

Die offiziellen Stellen packten die Krise völlig falsch an. Finanzminister Hank Paulson beging einen fatalen Fehler, als er verkündete, er würde keine Steuergelder für die Rettung von Lehman Brothers verwenden. Als Lehman Brothers pleiteging, brach das gesamte System zusammen. Innerhalb von Tagen musste er eine 180-Grad-Wende vollführen und der American International Group (AIG) zu Hilfe kommen, einer Versicherungsgesellschaft, die sich massiv an der Versicherung von CDOs durch den Verkauf von Credit Default Swaps (CDS, Kreditausfallbürgschaften) auf diese CDOs beteiligt hatte. Der Markt für Geldmarktpapiere stockte. Noch in der gleichen Woche fiel ein Geldmarktfonds unter einen Dollar, wodurch ein rasanter Ansturm auf die Geldmarktfonds insgesamt ausgelöst wurde. Noch bevor die Woche vorbei war, musste Paulson den Kongress um einen Rettungsfonds in Höhe von 700 Milliarden Dollar bitten, der zum Troubled Asset Relief Program (TARP) wurde.

Um zu verhindern, dass das internationale Finanzsystem kollabiert, wurde es an die künstliche Lebenserhaltung angeschlossen. Die Finanzminister der entwickelten Welt kündigten an, sie würden nicht zulassen, dass noch eine weitere systemisch wichtige Finanzinstitution bankrottgeht. Im Endeffekt ersetzten die Behörden den zusammenbrechenden Handelskredit durch staatlichen Kredit. Und wieder verhinderte ihr Eingreifen, dass die Super-Blase platzte. Aber wie ich in den hier vorliegenden Aufsätzen erkläre, trug der Crash des Jahres 2008 den Keim der derzeitigen Finanzkrise in sich. Die staatlichen Stellen begannen ein heikles Manöver in zwei Phasen. So wie wenn man bei einem Auto, das ins Schleudern gerät, in die Richtung lenken muss, in die man rutscht, um zu verhindern, dass es umkippt – und erst dann die Richtung durch Gegenlenken korrigieren kann, wenn man das Auto wieder unter Kontrolle hat –, genauso konnten die Behörden den exzessiven Einsatz von Kredit und Fremdfinanzierungshebeln nur dadurch korrigieren, dass sie die Märkte mit staatlichen Krediten fluteten, und zwar sowohl in Form von Bürgschaften als auch durch Begebung von Staatsanleihen.

Das Manöver war erfolgreich. Die Behörden gewannen die Kontrolle zurück und die Finanzmärkte funktionierten wieder mehr oder weniger normal. Aber die Ungleichgewichte, die sich im Laufe der

Super-Blase entwickelt hatten, wurden nicht korrigiert und die Finanzmärkte blieben von einem Gleichgewicht weit entfernt. Und schließlich geriet auch der Staatskredit, der das Finanzsystem 2008 gerettet hatte, unter Verdacht. Der Euro wurde wegen der Mängel, die in seiner Konstruktion angelegt sind, zum Epizentrum der derzeitigen Krise. Einige dieser Fehler waren den Konstrukteuren des Euros bekannt, andere wurden erst im Laufe der Krise offenbar.

Das Finanzsystem ist von falschen Dogmen, von Missverständnissen und Fehlauffassungen durchzogen. Die Realität ist weit entfernt von den Postulaten, auf denen die Theorien aufgebaut wurden, die während der Super-Blase vorherrschend waren. Ich ließ mich hingegen von einer anderen Interpretation der Finanzmärkte leiten. Sie beruht auf einem konzeptuellen Rahmen, mit dessen Entwicklung ich in meiner Studienzeit begonnen habe, lange bevor ich mich an den Finanzmärkten engagierte. Eigentlich dreht sich dieses Rahmenwerk gar nicht um die Finanzmärkte, sondern es bezieht sich auf eine der grundlegenden Fragestellungen der Philosophie, nämlich auf die Beziehung zwischen Denken und Wirklichkeit. Ich möchte das kurz skizzieren.

**

Ich behaupte, dass denkende und handelnde Subjekte auf zweifache Weise mit der Situation in Verbindung stehen, an der sie beteiligt sind. Auf der einen Seite versuchen sie, die Situation zu verstehen – ich bezeichne das als kognitive Funktion. Auf der anderen Seite versuchen sie, Einfluss auf die Situation zu nehmen. Das bezeichne ich als kausative oder manipulative Funktion. Diese beiden Funktionen verbinden denkende und handelnde Subjekte in entgegengesetzten Richtungen mit ihren Situationen. Wenn beide Funktionen gleichzeitig wirksam sind, können sie eine zirkuläre Beziehung oder eine Rückkopplungsschleife bilden. Ich bezeichne das als *Reflexivität* in Form einer Rückkopplungsschleife.

Reflexivität wirkt störend auf die beiden Funktionen ein, aus denen sie besteht. Wenn keine Reflexivität vorliegt, besitzt jede Funktion eine unabhängige Variable. Bei der Betrachtung der kognitiven Funktion geht man davon aus, dass die Situation die unabhängige Variable ist, die die Ansichten der Teilnehmer bestimmt. Bei der kausativen Funktion gelten die Ansichten des Teilnehmers als unabhängige Variable, die sein Handeln bestimmt. Wenn jedoch beide Funktionen gleichzeitig wirken, besitzt keine der beiden Funktionen eine wirklich unabhängige Variable. Dadurch wird sowohl in die Ansichten des Teilnehmers als auch in den tatsächlichen Verlauf der Ereignisse ein Element der Ungewissheit oder Unbestimmtheit eingeführt, das nicht vorhanden wäre, wenn die beiden Funktionen unabhängig voneinander wirken würden. Dadurch entstehen eine Divergenz zwischen den Ansichten der Teilnehmer und dem Istzustand sowie eine mangelhafte Entsprechung zwischen den Absichten der Teilnehmer und dem Ergebnis ihrer Handlungen.

Dabei ist zu betonen, dass die Reflexivität nicht die einzige Quelle von Ungewissheit ist. Die handelnden Subjekte gründen ihre Entscheidungen noch aus anderen Gründen auf ein unvollkommenes Verständnis der Wirklichkeit. Die Reflexivität ist eng mit unvollkommener Kenntnis und Fehlbarkeit verbunden. Diese beiden Begriffe sehen zwar wie Zwillinge aus, aber man muss die Fehlbarkeit als logisch vorrangig betrachten. Wenn die Menschen auf der Basis perfekter Kenntnis handeln würden, wären ihre Ansichten mit der Wirklichkeit identisch und die Reflexivität wäre keine Quelle der Ungewissheit, weder in den Ansichten der Teilnehmer noch im tatsächlichen Ereignisverlauf. Infolgedessen kann es ohne Fehlbarkeit keine Reflexivität geben, aber denkende Subjekte sind auch dann fehlbar, wenn keine Reflexivität vorliegt.

Die Fehlbarkeit wird zwar allgemein anerkannt, aber die Reflexivität bekommt nicht die Aufmerksamkeit, die sie verdient. Das mag an der Tatsache liegen, dass die Reflexivität zwei unterschiedliche Bereiche miteinander verbindet, nämlich die Kognition und das Kausalitätsprinzip. Die Menschen streben in allen Bereichen nach Vollkommenheit und neigen dazu, Quellen der Unsicherheit zu vernachlässigen oder zu verdrängen. Das ist nirgends offensichtlicher als an den Finanzmärkten.

Die Wirtschaftstheorie beharrt auf einer Interpretation der Finanzmärkte, welche die Reflexivität bewusst ignoriert.

Ich habe meinen konzeptuellen Rahmen in meiner Studienzeit unter dem starken Einfluss des in Österreich geborenen Philosophen Karl Popper entwickelt, der in meinem letzten Studienjahr an der London School of Economics mein Mentor wurde. Als ich an den Finanzmärkten tätig wurde, war es ganz natürlich, dass ich sie in ein Labor für die Überprüfung meiner Ideen verwandelte. Das erwies sich als sehr glückliche Entscheidung. Die Finanzmärkte stellen zwar nur ein schmales Segment der Wirklichkeit dar, aber sie besitzen einige Eigenschaften, dank deren sie als Labor besonders gut geeignet sind. Sie funktionieren auf eine relativ transparente Weise und sie produzieren eine Menge quantitativer Daten. Doch vor allen Dingen nehmen die Wirtschaftstheorien, mit denen die Funktionsweise der Finanzmärkte erklärt werden – nämlich die Theorie der Markteffizienz (EMH = Efficient Market Hypothesis) und die Theorie der rationalen Erwartungen –, die Fehlbarkeit und die Reflexivität dogmatisch aus ihrer Betrachtung aus. Infolgedessen gibt es sehr einflussreiche und weithin anerkannte Theorien, die ich falsifizieren konnte. Dadurch wurden die Finanzmärkte das Testgelände mit der größten praktischen Bedeutung, die ich mir hätte aussuchen können.

Ich veröffentlichte meinen konzeptuellen Rahmen und seine Konsequenzen für die Finanzmärkte 1987 unter dem Titel „Die Alchemie der Finanzen". Ich wählte „Alchemie" statt „Wissenschaft" der Finanzmärkte, um den Unterschied zwischen meiner Interpretation und dem herrschenden Paradigma hervorzuheben. Die Volkswirte haben ihre Theorie nach dem Vorbild der Newton'schen Physik gestaltet und deshalb legen sie so viel Wert auf das Gleichgewicht. Ich behauptete, diese Analogie sei falsch. Newton befasste sich mit Phänomenen, die sich völlig unabhängig von dem äußern, was irgendjemand über sie denkt, während es Volkswirte mit Situationen zu tun haben, die denkende Teilnehmer beinhalten. Die Kausalkette verbindet hier nicht den einen Satz Fakten unmittelbar mit dem nächsten, sondern nur über das Eingreifen denkender und handelnder Subjekte. Es besteht eine Rückkopplungsschleife zwischen dem Bereich der Kausalität und dem Bereich der Kognition.

Zwischen diesen beiden Arten von Phänomenen besteht ein tief greifender Unterschied. Die Physik ist für die Formulierung universell gültiger Verallgemeinerungen geeignet, die dann austauschbar sowohl für Vorhersagen als auch für Erklärungen verwendet werden können. Popper entwickelte ein auf schöne Art einfaches und elegantes Schema der wissenschaftlichen Methode und davon war ich außerordentlich beeindruckt. Es besteht aus drei Elementen und drei Operationen. Die drei Bestandteile sind die Anfangsbedingungen, die Schlussbedingungen und die universell gültigen Verallgemeinerungen oder wissenschaftlichen Gesetze. Die drei Operationen sind Vorhersage, Erklärung und Überprüfung. Wenn die Anfangsbedingungen mit wissenschaftlichen Gesetzen kombiniert werden, liefern sie Vorhersagen. Wenn die Schlussbedingungen mit wissenschaftlichen Gesetzen kombiniert werden, liefern sie Erklärungen. In diesem Sinne sind Vorhersagen und Erklärungen symmetrisch und umkehrbar (reversibel).

Was an diesem Schema noch fehlt, ist die Bestätigung beziehungsweise Verifizierung der Gesetze. Und hier setzt Poppers besondere Erkenntnis an. Er behauptete, wissenschaftliche Gesetze könnten nicht bestätigt oder verifiziert werden, sondern nur widerlegt oder falsifiziert, und das erreicht man durch Prüfung. Allgemeine Aussagen über die universelle Gültigkeit kann man überprüfen, indem man die Anfangsbedingungen und die Schlussbedingungen in konkreten Fällen miteinander vergleicht. Wenn sie nicht dem wissenschaftlichen Gesetz genügen, das man darauf anwendet, ist dieses Gesetz widerlegt. Gesetze, die nicht widerlegt werden können, gelten nicht als wissenschaftlich. Schon ein einzelner abweichender Fall kann genügen, um die Gültigkeit einer allgemeinen Aussage zunichte zu machen, aber keine noch so große Anzahl passender Fälle reicht für eine über jeden Zweifel erhabene Verifizierung aus. In diesem Sinne besteht eine Asymmetrie zwischen Verifizierung und Falsifizierung. Die Symmetrie zwischen Vorhersage und Erklärung, die Asymmetrie zwischen Verifizierung und Falsifizierung sowie die entscheidende

Rolle der Überprüfung sind die hervorstechenden Merkmale von Poppers Schema. Sie passen zu seiner Behauptung, unser Verständnis der Welt, in der wir leben, sei grundsätzlich und systembedingt unvollkommen – das ist das Gleiche wie mein Postulat der Fehlbarkeit.

Popper bestand auf der von ihm so genannten Doktrin von der Einheitlichkeit der wissenschaftlichen Methode. In diesem Punkt weiche ich von ihm ab. Wie können für das Studium von Naturphänomenen und von menschlichen Angelegenheiten die gleichen Methoden und Kriterien gelten, wo es doch so grundlegende Unterschiede zwischen beiden gibt? Denkende Subjekte handeln auf der Grundlage eines unvollständigen Verständnisses und ihre Fehlbarkeit führt in die menschlichen Angelegenheiten ein Element der Ungewissheit ein, das bei Naturphänomenen nicht vorhanden ist. Diesen fundamentalen Unterschied muss man anerkennen. Er bedeutet nicht, dass die Naturwissenschaft verifizierbar perfekte Erkenntnisse liefern könnte, aber er bedeutet, dass es die Sozialwissenschaft mit einem zusätzlichen Element der Unsicherheit zu tun hat und dass sie ihre Methoden und Kriterien entsprechend anpassen muss. Die Interpretation der Finanzmärkte, die von Volkswirten entwickelt wurde, orientierte sich an der Newton'schen Physik. Um zu betonen, dass ich einen grundsätzlich anderen Ansatz verfolge, nannte ich mein Buch „Die Alchemie der Finanzen".

Als ich anfing, die Finanzmärkte als Labor zu benutzen, entwickelte ich eine Theorie der Finanzblasen, die auf den beiden Postulaten der Fehlbarkeit und der Reflexivität beruht. Ich behaupte, dass jede Blase aus zwei Zutaten besteht – aus einem Trend, der in der Wirklichkeit vorherrscht, und aus einer Fehlinterpretation dieses Trends oder einer Fehlauffassung, die sich auf ihn bezieht. Eine Blase ist ein Prozess aus Aufstieg und Zusammenbruch, der sich anfangs selbst verstärkt, sich dann aber selbst zerstört und dabei eine Abfolge klar definierter Stadien durchläuft. Die Abfolge ist vorherbestimmt, aber Ausmaß und Dauer jedes Stadiums sind es nicht. Ich kann diesen Prozess folgendermaßen zusammenfassen:

Ein Trend kann durch eine technische Neuerung hervorgerufen werden oder rein finanzieller Natur sein. Anfangs bleibt er wahrscheinlich unbemerkt. (1) Wenn die Marktteilnehmer anfangen, ihm Aufmerksamkeit zu schenken, stärkt ihr Interesse wahrscheinlich sowohl den Trend als auch seine Interpretation, die laut meiner Theorie mit einer Fehlauffassung verbunden ist. (2) Es kann sein, dass der Trend unterbrochen wird, was die Fehlauffassung bedroht. Wenn die Fehlauffassung diese Prüfung nicht übersteht, entwickelt sich die Blase nicht. Aber wenn die Fehlauffassung die Unterbrechung des Trends überlebt, werden sowohl der Trend als auch die Fehlauffassung weiter verstärkt. (3) Nach und nach entfernen sich die Wahrnehmungen der Teilnehmer so weit von der zugrunde liegenden Wirklichkeit, dass sie sich dieser Diskrepanz zunehmend bewusst werden. Irgendwann kommt der Moment der Wahrheit, in dem die Zweifler die Gläubigen überwiegen. (4) Es kann sein, dass sich der Trend in einer Phase der Unklarheit durch Trägheit noch eine Weile hält. (5) Doch selbst dann muss irgendwann der Punkt kommen, an dem der Trend kippt. (6) Dann verstärkt er sich dank des herrschenden Zweifels in der entgegengesetzten Richtung. (7) Da daran immer irgendeine Form von Kredit oder Fremdfinanzierung beteiligt ist, haben Blasen tendenziell eine asymmetrische Form: Sie schwellen langsam an, fallen dann steil zusammen und enden in einem Crash. (8) Nur die Abfolge der einzelnen Phasen ist festgelegt, sonst nichts. Größe und Dauer einer Blase sind unvorhersehbar und sie kann in jedem Stadium einbrechen. Nur gelegentlich wachsen Blasen zu ihrer vollen Größe heran.

Warum das so ist, liegt auf der Hand. Es gibt zu jedem beliebigen Zeitpunkt Myriaden von Rückkopplungsschleifen, die allerdings alle in eine von zwei Kategorien fallen: positiv oder negativ. Eine positive Rückkopplung verstärkt die herrschenden Fehlauffassungen, während eine negative Rückkopplung sie korrigiert. Meistens kürzen sich die beiden Arten von Feedbackschleifen gegenseitig weg. Nur manchmal erzeugt eine positive Rückkopplungsschleife eine Blase, die groß genug ist, um die anderen Rückkopplungsschleifen zu überdecken. In den seltenen Fällen, in denen das eintritt, nimmt die Blase jedoch historische Dimensionen an. Der jetzige Zeitpunkt ist ein solcher Fall. Die Eurokrise sticht alle anderen Überlegungen aus. Die Finanzmärkte tanzen den lieben langen Tag nach ihrer Pfeife. Das wirkt sich destabilisierend auf das Verhalten der Marktteilnehmer aus. Und deshalb ist diese Situation von einem Gleichgewicht eindeutig weit entfernt.

Es gibt auch Situationen, in denen negative Rückkopplungen vorherrschen. Das hat zur Folge, dass die Ansichten der Teilnehmer in Richtung der objektiven Realität konvergieren. Man kann das als Situation eines annähernden Gleichgewichts bezeichnen. Interessanterweise postuliert die Theorie der rationalen Erwartungen einen solchen bis ins unrealistische Extrem getriebenen Zustand, in dem positive Feedbackschleifen einfach nicht existieren und negatives Feedback die Wahrnehmungen und Erwartungen in eine perfekte Übereinstimmung mit der Wirklichkeit treibt, wodurch ein einfaches Gleichgewicht erzeugt wird.

Das Labor der Finanzmärkte ist sowohl für die Untersuchung von Situationen, die nahe am Gleichgewicht sind, als auch von Situationen, die von einem Gleichgewicht weit entfernt sind, besonders gut geeignet. Doch aus Gründen der Vorsicht habe ich in „Die Alchemie der Finanzen" darauf hingewiesen, dass die Wirklichkeit nicht eindeutig in eine dieser beiden Kategorien fällt. Die meisten konkreten Situationen liegen irgendwo dazwischen und weisen eine Mischung aus positiven und negativen Rückkopplungen auf. Trotzdem sind mehr Situationen, als man es aufgrund einer reinen Zufallsverteilung erwarten könnte, von einem der beiden soeben beschriebenen Extreme geprägt. Diese beiden Extreme fungieren als „Seltsame Attraktoren" – ein Begriff, der im Zusammenhang mit komplexen Systemen häufig benutzt wird. Das liegt daran, dass die Menschen komplexe Situationen vereinfachen müssen und dass die Dichotomie der beiden Extreme als nützliches Vereinfachungsprinzip dient. Die herrschende Ordnung wird entweder als unveränderlich oder als veränderlich wahrgenommen. Unveränderliche Situationen werden als sicher und vorhersehbar wahrgenommen, veränderliche als unsicher und unberechenbar. Und Wahrnehmungen verstärken reflexiv die Realität

– der Glaube an die Stabilität führt zu Vorkehrungen, die diese Stabilität verstärken, und umgekehrt.

Da Blasen die Finanzmärkte grundsätzlich instabil machen, ist die Geschichte der Finanzmärkte mit Finanzkrisen durchsetzt. Jede Krise rief eine regulatorische Reaktion hervor. So haben sich die Zentralbanken und die Finanzregulierungen gemeinsam mit den Märkten entwickelt. Die Märkte werden nicht nur von einer unsichtbaren Hand gelenkt, sondern sie sind auch sehr der sichtbaren Hand der Politik unterworfen.

Blasen treten nur zeitweilig auf, aber das Wechselspiel zwischen den Märkten und der Politik ist kontinuierlich. Sowohl die Marktteilnehmer als auch die Finanzbehörden handeln auf der Grundlage eines unvollkommenen Verständnisses. Dadurch wird dieses Wechselspiel reflexiv. Deshalb muss die Reflexivität zu allen Zeiten in unsere Interpretation der Finanzmärkte eingehen, nicht nur unter Bedingungen, die weit von einem Gleichgewicht entfernt sind.

Das hat erhebliche Konsequenzen. Die Reflexivität bringt ein Element nicht quantifizierbarer – Knight'scher – Ungewissheit ins Spiel, die dazu führt, dass Poppers Schema wissenschaftlicher Methoden nicht gilt. Zeitlose allgemeine Aussagen können weder für die Vorhersage noch für die Erklärung von Finanzmärkten verwendet werden und es herrscht keine Symmetrie zwischen Vorhersage und Erklärung – die Erklärung der Vergangenheit ist einfacher als die Vorhersage der Zukunft. Anders gesagt lassen sich die Finanzmärkte am besten als historischer, an Zeit und Kontext gebundener Prozess erklären.

***

In „Die Alchemie der Finanzen" habe ich einige Situationen fern eines Gleichgewichts dargestellt, an denen ich persönlich beteiligt war. Und ich habe sie dort nicht nur erklärt, sondern in manchen Fällen auch berichtet, wie ich davon profitiert habe. Außerdem habe ich dort auch eine Art Echtzeit-Experiment durchgeführt, indem ich die Entscheidungen, die ich als Hedgefonds-Manager traf, zu dem Zeitpunkt aufzeichnete, in dem ich sie traf. Zwar gelang es mir nicht, die Theorie der Markteffizienz und die Theorie der rationalen Erwartungen zu widerlegen, aber ich konnte zeigen, dass Poppers Kritik am Marxismus – nämlich dass er gegen die Falsifizierung immun sei – auch für die Hauptströmung der Volkswirtschaftslehre gilt. Außerdem bin ich davon überzeugt, demonstriert zu haben, dass man mit meiner Methode das Verhalten von Finanzmärkten besser vorhersagen und erklären kann als mit dem herrschenden Paradigma.

Die meisten meiner späteren Bücher waren ähnlich aufgebaut: eine Darstellung meines konzeptuellen Rahmens, seine Anwendung auf eine konkrete Situation – gewöhnlich die geschichtliche Gegenwart – und ein Echtzeit-Experiment oder ein anderer Versuch, Vorhersagen zu treffen oder Vorschriften vorzuschlagen. Die behandelten Themen beschränkten sich nicht auf die Finanzmärkte. Ich benutzte zwar die Finanzmärkte als Testlabor, aber ich war überzeugt, dass mein konzeptueller Rahmen viel breiter anwendbar sei. Beispielsweise habe ich in „Opening the Soviet System" den Aufstieg und Fall des sowjetischen Systems als Prozess des Aufstiegs und Niedergangs interpretiert. In „Die Vorherrschaft der USA – eine Seifenblase" habe ich anhand der gleichen Methode die Fehlauffassungen analysiert, die der katastrophalen Politik der Bush-Regierung zugrunde lagen. Die hier vorliegende Artikelsammlung ist von dem gleichen Geist durchdrungen: Ich betrachte finanzielle und politische Entwicklungen als untrennbar miteinander verflochten und ich betone die Rolle von Fehlauffassungen.

Als „Die Alchemie der Finanzen" erschien, stieß es auf ein durchwachsenes Echo. In der Hedgefonds-Community wurde es weithin gelesen und es wurde in einigen Business Schools behandelt, aber von Volkswirten wurde es entweder abgelehnt oder ignoriert. Die Medien betrachteten das Buch meistens als Selbstbeweihräucherung eines erfolgreichen Geschäftsmanns. Insgeheim hatte ich gehofft, dass die Reflexivität als bedeutende Entdeckung begrüßt werden würde, und ich bewertete sie so hoch, dass es mir kaum gelang, mich davon zu verabschieden – ich legte sie weiterhin auf verschiedene Arten dar. Die Tatsache, dass mein konzeptueller Rahmen in der Öffentlichkeit kaum auf Resonanz stieß, brachte mich zu dem Schluss, dass ich mich irrte: Meine Interpretation der komplizierten Beziehung zwischen Denken und Wirklichkeit war wohl nur eine subjektive Einsicht, kein objektiver Beitrag zur Philosophie. Ich begann, mich als gescheiterten Philosophen zu betrachten. Ich hielt in Wien sogar einen Vortrag mit dem Titel „Ein gescheiterter Philosoph probiert es noch einmal". Ich sprach damals auf einem erhöhten Podest in der Universität, was mich dazu anregte, die Doktrin der Fehlbarkeit zu formulieren.

Durch den Crash 2008 hat sich das alles geändert. Die Volkswirte begannen, zu erkennen, dass an dem vorherrschenden Paradigma etwas grundlegend falsch war, und die Reflexivität begann, ernst genommen zu werden. Das hat dazu geführt, dass ich zum Sponsor des Institute of New Economic Thinking (INET) wurde, das sechs Wirtschaftsnobelpreisträger zu seinem Aufsichtsrat zählt.

Ich habe meinen konzeptuellen Rahmen weitgehend in der Zurückgezogenheit meines eigenen Verstands entwickelt. Da ich allein arbeitete, war das ein langsamer und mühsamer Prozess. Doch jetzt bekam ich kritische Rückmeldungen zu meinen Ideen und das war eine große Hilfe. Ich glaube, in den letzten drei Jahren habe ich mehr Fortschritte gemacht als in den 30 Jahren davor. Meine Perspektive hat sich geändert. Ich betrachte mich nicht mehr als gescheiterten Philosophen. (Natürlich kann ich mich jetzt irren.) Ich glaube, dass mein konzeptueller Rahmen mehr als nur subjektive Bedeutung besitzt – er kann der Menschheit helfen, die Bedeutung der Wirklichkeit besser zu erfassen. Mein Beitrag beschränkt sich nicht auf das Konzept der Reflexivität. Genauso wichtig ist es nämlich, die Rolle von Fehlauffassungen für die Gestaltung des geschichtlichen Verlaufs anzuerkennen. Ich glaube, dass dieser Punkt in der vorliegenden Sammlung von Essays laut und deutlich zu vernehmen ist, vor allem in denjenigen, die sich mit der Eurokrise befassen.

Ich habe in den letzten drei Jahren so viel gelernt, dass ich ein neues Buch werde schreiben müssen. Es wird die gleiche Form haben wie alle anderen: eine Neuformulierung des konzeptuellen Rahmens und seine Anwendung auf den gegenwärtigen geschichtlichen Moment.

Aber jetzt ist dafür nicht der richtige Zeitpunkt. Noch wütet die Krise und noch ist ihr Ausgang ungewiss.

Die Reihe der hier versammelten Essays wird einen Teil dieses Buches bilden. Normalerweise enthalten meine Bücher ein Echtzeit-Experiment und das wird der Beitrag sein, den diese Aufsätze leisten. Sie wurden in der Hitze des Gefechts geschrieben und sie haben versucht, angemessene Vorgehensweisen zu empfehlen. Sie wurden zwar ernst genommen, aber für den Leser dürfte offensichtlich sein, dass sie weder von der Obama-Administration noch von den europäischen Behörden befolgt wurden. Ich glaube, es würde uns allen besser gehen, wenn sie das getan hätten.

Parallel zum Verfassen der Artikel habe ich auch versucht, hinter den Kulissen die Politik zu beeinflussen. Meine Kontakte zu den staatlichen Stellen folgten den üblichen Regeln: Sie hörten mir zwar zu, aber sie antworteten nicht. Das war eine frustrierende Erfahrung.

Nach dem europäischen Gipfel vom 9. Dezember, auf dem sich die Verantwortlichen eindeutig nicht an die Lösung hielten, die ich in meinen Artikeln verfochten habe, beschloss ich, keinen weiteren Artikel zu veröffentlichen, sondern mich mit einer persönlichen Denkschrift an die Verantwortlichen zu wenden. Ich nannte sie den „Padoa-Schioppa-Plan für Europa" – im Gedenken an ein ehemaliges Mitglied der EZB, mit dem ich vor seinem plötzlichen Tod eine enge Kooperation über die Eurokrise entwickelt hatte. Ich gebe sie hier wieder.

„Der Padoa-Schioppa-Plan für Europa"

Der Europa-Gipfel vom 9. Dezember hat den Keim für künftige Probleme gelegt, ohne die derzeitige Finanzkrise zu lösen. Diese künftigen Probleme werden sich um ein Europa der zwei Geschwindigkeiten und um eine falsche Doktrin drehen, die den vorgeschlagenen Finanzpakt bestimmt. Diese Doktrin erzwingt in einer Zeit wachsender Arbeitslosigkeit strenge Finanzdisziplin und droht, die Eurozone in einen deflationären Schulden-Teufelskreis zu drängen, aus dem schwer zu entkommen ist. Aber die Lösung der akuten Krise sollte Vorrang haben.

In dieser Hinsicht war der Gipfel nicht ganz ohne positive Errungenschaften. Um die Finanzkrise in den Griff zu bekommen, müssen die Behörden die Banken und die Märkte für Staatsanleihen der Eurozone zweckgebunden gegen die Möglichkeit eines Griechenland-Bankrotts absichern. Die Hälfte dieser Aufgabe wurde weitgehend bewältigt. Die von der EZB durchgeführten Maßnahmen haben viel zur Linderung der Liquiditätsprobleme der Banken beigetragen. Dadurch dass die EZB für die einzelnen Zentralbanken bürgt, übernimmt sie praktisch alle derzeit nicht notleidenden Kredite der Geschäftsbanken und bietet ihnen drei Jahre lang Kredit in Form von längerfristigen Refinanzierungsgeschäften (LRG).

Aber es wurde nicht genug zur Behebung eines grundlegenden Fehlers des Euros getan: Die einzelnen Länder können ihre eigene Währung nicht ausgeben. Deshalb sind ihre Anleihen auf den Status von Devisenanleihen weniger entwickelter Länder degradiert. Daher die hohen Risikoprämien auf italienische und spanische Anleihen. Dieses Problem wurde nicht behoben.

Und da die Risikoprämien auf Staatsanleihen eng mit den Kapitalschwächen der Banken verbunden sind, ist eine halbe Lösung leider nicht genug. Sollte sich Griechenland nicht für die nächste Rate seines Rettungsprogramms qualifizieren können, könnte dies den Euro dadurch unhaltbar machen, dass ein hektischer Ansturm auf italienische und spanische Banken ausgelöst würde. Dies würde die italienischen und die spanischen Anleihen in die gleiche Flugbahn befördern wie die griechischen Anleihen. Das wäre selbst dann der Fall, wenn Italien und Spanien durchaus in der Lage wären, ihre Finanzen so zu managen, dass die Insolvenz vermieden wird. Diese Länder laufen Gefahr, in einen selbsterfüllenden Kreislauf zu geraten: Hohe Renditen lösen an den Märkten Angst vor der Insolvenz aus, was wiederum hohe Renditen rechtfertigt. Sowohl die Finanzmärkte als auch die Ratingagenturen konzentrieren sich auf dieses Risiko und der Gipfel hat es nicht beseitigt.

Dieses Versäumnis könnte aber noch behoben werden, bevor es weiteren Schaden anrichtet. Lassen Sie mich darlegen, was getan werden müsste. (Dies ist die abgewandelte Form eines Vorschlags, den ich am 13. Oktober 2011 in der *Financial Times* gemacht habe [siehe S. 150-153]. Er war inspiriert von einem Gespräch mit Tommaso Padoa-Schioppa, der als italienischer Finanzminister in den 1990er-Jahren die Wende Italiens dadurch schaffte, dass er nur kurzfristige Staatsanleihen ausgab.) Die Länder der Eurozone könnten die Europäische Finanzstabilisierungsfazilität (EFSF) verwenden, um die EZB gegen das Solvenzrisiko der italienischen und spanischen Anleihen abzusichern, die sie den Geschäftsbanken abkauft. Dies würde der EZB die Auflegung einer neuen Fazilität ermöglichen, die alle von Banken ausgeschriebenen kurzfristigen Anleihen zum Nennwert abzüglich des noch nicht abgelaufenen Abschlags kaufen würde, mit dem die Anleihen ursprünglich verkauft wurden. Die EZB würde die Anleihen bis zum Ende ihrer Laufzeit halten. Wenn der Emittent die Anleihen nicht zurückzahlen würde, bekäme die EZB eine Erstattung von der EFSF.

Dann könnten die kurzfristigen Anleihen im Besitz der Banken von den europäischen Bankbehörden wie Bargeld behandelt werden, denn sie könnten jederzeit an die EZB verkauft werden. Dann würden es die Banken vorteilhaft finden, ihre überschüssige Liquidität in Form von kurzfristigen italienischen und spanischen Anleihen vorzuhalten, solange diese Anleihen mehr abwerfen würden als die Bankeinlagen bei der EZB.

Länder, die unter überzogenen Risikoprämien leiden, könnten dann ihren Kreditbedarf durch den Verkauf von kurzfristigen Anleihen zum annähernden Termingeldsatz der EZB decken, der momentan für Pflichtreserven bei einem Prozent und für Konten mit überschüssigen Reserven bei 25 Basispunkten steht. Das würde die Tragfähigkeit ihrer Schulden deutlich verbessern. Italiens durchschnittliche Kreditkosten würden dadurch von den derzeitigen 4,3 Prozent aus eher sinken als steigen.

Wenn alle Schulden, die im ersten Quartal fällig werden, auf diese Art refinanziert würden, dann würden die durchschnittlichen Kreditkosten auf 3,8 Prozent sinken. Das Vertrauen würde langsam wieder zurückkehren, die Renditen ausstehender Anleihen würden sinken, die Banken würden für den Besitz italienischer Staatsanleihen nicht mehr bestraft werden und Italien bekäme wieder zu vernünftigeren Zinsen Zugang zum Markt.

Ein möglicher Einwand gegen diese Strategie ist, dass sie die durchschnittliche Laufzeit italienischer und spanischer Anleihen verringern würde. Ich möchte behaupten, dass dies unter den derzeitigen außergewöhnlichen Umständen vorteilhaft wäre, denn es würde die Regierung des betroffenen Landes an der kurzen Leine halten. Das Land könnte es sich nicht leisten, die Fazilität der EZB zu verlieren.

Im Falle Italiens würde die kurze Leine aufmüpfige Politiker davon abhalten, sich den Forderungen der technokratischen Regierung zu widersetzen, denn wenn sie vorgezogene Wahlen ansetzen würden, dann würden die Wähler sie bestrafen. Dies würde zur Wiederherstellung der politischen Stabilität beitragen und Italiens Rückkehr auf den Markt beschleunigen. (Sollte Italien zu dem Zeitpunkt, zu dem der neue Vertrag in Kraft tritt, immer noch auf diese Fazilität angewiesen sein, könnte der ESM verwendet werden, um längerfristige Anleihen mit variablen Zinsen zu garantieren. Dies könnte als Ersatz für die Eurobonds fungieren, die derzeit keine politische Akzeptanz finden).

Einige Gläubigerländer könnten diesem Einsatz der EFSF trotzdem noch mit dem Argument widersprechen, der Umsetzungsmechanismus für die Finanzdisziplin sei nicht stark genug. Dem könnte man abhelfen, indem man verlangt, dass sich die betroffenen Länder einem IWF-Programm unterziehen. Man müsste diesen Ländern allerdings versichern, dass kostengünstige Finanzierungen vorhanden sind, um zu rechtfertigen, dass sie einen derart beschwerlichen Schritt unternehmen.

Ein weiterer möglicher Einwand ist, dass die Gewährung günstiger Finanzierungen für Spanien und Italien andere Emittenten von Staatsanleihen wie Belgien und Frankreich gefährden würde, die nicht auf die EFSF-Garantie zurückgreifen. Die Banken würden ihre Positionen von nicht verbürgten Emittenten zugunsten derer von verbürgten Emittenten liquidieren. Ich halte solche Bedenken für fehl am Platz. Die durch die EFSF garantierten kurzfristigen Anleihen würden sich aus einem risikoaversen Pool von Kapital speisen, das zum Teil auf Konten für überschüssige Reserven bei der EZB verwahrt wird. Risikobereites Kapital hätte dann weniger Gelegenheiten, was zu niedrigeren Renditen der Anleihen von anderen Ländern der Eurozone führen würde.

Auf jeden Fall könnte die EFSF-Bürgschaft ausgeweitet werden, falls ein weiteres Land sie benötigen sollte. Die EFSF hat auch ohne die Nutzung von Hebelwirkungen mehr als genug Kapital. Von den 780 Milliarden Euro an genehmigtem Kapital sind 560 Milliarden immer noch frei. Das wäre mehr als ausreichend für die Deckung des Solvenzrisikos, das die EZB eingehen würde, denn die Garantie gilt nur für kurzfristige Staatsanleihen, die Banken der EZB andienen. Und schließlich würden die europäischen Behörden dadurch eine Maßnahme durchführen, für die sie mehr als genügend Mittel besitzen. Das würde die Märkte positiv überraschen und ihre Stimmungslage umkehren – denn Märkte haben *Stimmungslagen*. Das müssen die offiziellen Stellen begreifen, um die Situation wieder unter Kontrolle zu bekommen.

Mein Vorschlag entspricht nicht nur dem Wortlaut, sondern auch dem Geist von Artikel 123. Die Aufgabe der EZB besteht darin, den Banken Liquidität zur Verfügung zu stellen, während die EFSF geschaffen wurde, um Solvenzrisiken aufzufangen. Gemeinsam könnten EZB und EFSF das tun, was die EZB allein nicht tun kann. Die EZB würde keine zusätzliche Kreditaufnahme von Mitgliedsländern ermöglichen, sondern ihnen bloß helfen, ihren Kreditbedarf zu niedrigeren Kosten zu finanzieren. Dies würde einen fatalen Konstruktionsfehler des Euros vorübergehend abmildern, bis die Mitgliedsländer durch die Aushandlung eines Finanzpakts eine dauerhaftere Lösung bieten können. Die Bankaufsichtsbehörden könnten ihrerseits beruhigt sein, weil die von den Banken gehaltenen kurzfristigen Anleihen Bargeldäquivalente wären. Somit wäre mein Vorschlag der mit Abstand effektivste Einsatz der EFSF – vor allem weil der Markt einer EFSF-Garantie keinen großen Wert beimisst. Sollte es seitens der EZB oder der Regulierer etwaige rechtliche Einwände oder Einwände aus Gründen der Vorsicht dagegen geben, könnte der Plan entsprechend abgewandelt werden. Zum Beispiel hätte die EFSF genügend Kapital, um die obersten 25 Prozent aller ausgegebenen kurzfristigen Anleihen gemäß dem Plan zu verbürgen und trotzdem noch 100 Prozent der kurzfristigen Anleihen zu verbürgen, die der EZB angedient werden. Die italienische Zentralbank könnte sich nämlich bereit erklären, diese Anleihen sofort aufzukaufen und an ihrer Stelle neue auszugeben.

Als ich diese Lösung im Oktober erstmals vorgeschlagen habe, bestätigten die Behörden zwar, sie sei machbar, aber sie seien schon zu weit mit den Möglichkeiten fortgeschritten, die EFSF zu hebeln, um ihre Anstrengungen neu auszurichten. Nachdem nun alle ihre Versuche, die EFSF zu hebeln, gescheitert sind, sollten sie ernsthaft und sofort über meinen Vorschlag nachdenken. Das kann nicht warten. Man sollte nicht zulassen, dass die längerfristigen Probleme, die durch Großbritanniens Widerspruch gegen den vorgeschlagenen Finanzpakt erzeugt werden, ihn überschatten. Die Finanzkrise schwärt weiter und fügt der Wirtschaft schweren Schaden zu.

Mein Vorschlag könnte über Scheitern oder Gelingen entscheiden – und die offiziellen Stellen der Eurozone müssen dringend einen Erfolg verbuchen, um die Märkte gegen eine mögliche Pleite Griechenlands im Frühjahr 2012 zu stärken.“

Die europäischen Finanzbehörden haben diesen Plan zugunsten der langfristigen Refinanzierungsgeschäfte (LRG) der Europäischen Zentralbank abgelehnt, die den europäischen Banken – nicht den Staaten selbst – bis zu drei Jahre lang unbegrenzte Liquidität bereitstellen. Sie erlauben es italienischen und spanischen Banken, Staatsanleihen ihres eigenen Landes zu kaufen und damit einen sehr profitablen „Carry Trade" zu betreiben. Dabei leiht man sich zu niedrigen Zinsen Geld, um sich etwas zu kaufen, das höhere Zinsen abwirft. Mit diesen Anleihen gehen sie dabei praktisch kein Risiko ein, denn wenn das Land zahlungsunfähig würde, wären die Banken sowieso insolvent.

Der Unterschied zwischen diesen beiden Plänen besteht darin, dass meiner die Zinskosten der Staaten sofort vermindern würde, während der tatsächlich eingeführte dazu führt, dass die Länder und ihre Banken immer noch am Rande einer potenziellen Insolvenz stehen. Ich bin nicht sicher, ob die Behörden damit absichtlich die Krisenstimmung verlängert haben, um den Druck auf die hoch verschuldeten Länder aufrechtzuerhalten, oder ob sie durch verschiedene Sichtweisen, die sie auf keine andere Weise miteinander versöhnen konnten, zu dieser Handlungsweise getrieben wurden. Als Schüler von Karl Popper sollte ich mich eigentlich für die zweite Alternative entscheiden. Es ist nicht folgenlos, welche Interpretation die richtige ist, denn der Padoa-Schioppa-Plan steht immer noch im Raume und könnte jederzeit umgesetzt werden, solange die verbleibenden Mittel der EFSF noch nicht anderweitig verplant sind.

In beiden Fällen diktiert Deutschland die europäische Politik, denn in Krisenzeiten sind die Gläubiger am Drücker. Das Problem ist nur, dass die Kürzungen der Staatsausgaben, die Deutschland anderen Ländern verordnen will, Europa in eine deflationäre Schuldenfalle drängen werden. Eine Senkung der Haushaltsdefizite wird sowohl auf die Löhne als auch auf die Gewinne Abwärtsdruck ausüben, die Volkswirtschaften werden schrumpfen und die Steuereinnahmen werden zurückgehen. Somit wird die Schuldenbelastung – ausgedrückt als Verhältnis der angehäuften Schulden zum BIP – dadurch in Wirklichkeit steigen, was weitere Haushaltskürzungen notwendig macht und so einen Teufelskreis in Gang setzt.

Natürlich werfe ich Deutschland nicht vor, dass es böswillig handeln würde. Es ist von der Politik, die es verficht, ehrlich überzeugt und es ist die erfolgreichste Volkswirtschaft Europas. Wieso sollte nicht der Rest Europas genauso sein? Aber damit strebt es etwas Unmögliches an: In einem geschlossenen System wie dem Euro-Verrechnungssystem können nicht alle zur gleichen Zeit Gläubiger sein. Die Tatsache, dass Deutschland eine kontraproduktive Politik verordnet, erzeugt eine sehr gefährliche politische Dynamik. Sie wird die Mitgliedsländer nicht enger zusammenrücken lassen, sondern sie zu gegenseitigen Schuldzuweisungen veranlassen. Es besteht die echte Gefahr, dass der Euro den politischen Zusammenhalt der Europäischen Union untergräbt.

Die Entwicklung der Europäischen Union nimmt einen Verlauf, der sehr einer Abfolge von Aufschwung und Abschwung oder einer Finanzblase ähnelt. Das ist kein Zufall, denn beide Prozesse sind „reflexiv". Wie ich an anderer Stelle erläutert habe, bedeutet dies, dass sie weitgehend von Fehlern und Fehlauffassungen angetrieben werden.

In der Aufschwungphase war die Europäische Union etwas, das der britische Psychologe David Tuckett als „fantastisches Objekt" bezeichnete, ein unwirkliches, aber attraktives Objekt der Begierde. In meinen Augen stellte sie die Verkörperung einer offenen Gesellschaft dar – ebenfalls ein fantastisches Objekt. Sie war ein Zusammenschluss von Nationen, der sich auf die Prinzipien der Demokratie, der Menschenrechte und des Rechtsstaats gründete und in dem keine Nation oder Nationalität dominierte. Ihre Schaffung war eine Meisterleistung in Sachen Stückwerk-Technik unter der Führung weitsichtiger Staatsmänner, denen klar war, dass sich das fantastische Objekt außerhalb ihrer Reichweite befand. Sie setzten sich begrenzte Ziele und starre Fristen. Dann mobilisierten sie den politischen Willen für einen kleinen Schritt nach vorn, wobei sie sich vollständig der Tatsache bewusst waren, dass nach diesem Schritt seine Unzulänglichkeit zutage treten würde, sodass ein weiterer Schritt notwendig wäre.

Auf diese Weise wurde die Europäische Gemeinschaft für Kohle und Stahl nach und nach, Schritt für Schritt, in die Europäische Union umgewandelt. In der Zeit des Aufschwungs war Deutschland die wichtigste treibende Kraft. Als der Zerfall der Sowjetunion begann, wurde den führenden deutschen Politikern klar, dass eine Wiedervereinigung nur in einem stärker vereinigten Europa möglich wäre. Sie brauchten die politische Unterstützung anderer europäischer Mächte und waren bereit, dafür beträchtliche Opfer zu bringen. Als die Verhandlungen anstanden, akzeptierten sie, ein bisschen mehr beizutragen und ein bisschen weniger zu nehmen als die anderen, wodurch sie die Einigung erleichterten. Zu jener Zeit versicherten deutsche Politiker gern, Deutschland habe keine eigenständige Außenpolitik, sondern nur eine Europapolitik. Dieser Prozess – der Aufschwung, wenn Sie so wollen – fand seine Höhepunkte 1992 mit dem Maastricht-Vertrag und 2002 mit der Einführung des Euros. Danach folgte eine Phase der Stagnation, die sich nach dem Crash 2008 in einen Desintegrationsprozess verwandelte.

Der Euro war eine unvollständige Währung und seine Architekten wussten das. Der Maastricht-Vertrag errichtete eine Währungsunion ohne politische Union. Der Euro protzte zwar mit einer gemeinsamen Notenbank, die Liquidität bereitstellen kann, doch ihm fehlte ein gemeinsames Finanzministerium, das in der Lage wäre, in Krisenzeiten das Solvenzrisiko zu bewältigen. Allerdings hatten die Architekten gute Gründe für die Annahme, zu gegebener Zeit würden weitere Schritte in Richtung einer politischen Union unternommen werden. Jedoch hatte der Euro noch weitere Mängel, die seinen Architekten nicht bewusst waren und die bis heute nicht vollständig verstanden werden. Diese Mängel trugen dazu bei, dass ein Prozess der Desintegration in Gang gesetzt wurde.

Die Väter des Euros verließen sich auf eine Interpretation der Finanzmärkte, die während des Crashs 2008 ihre Unzulänglichkeit bewies. Insbesondere glaubten sie, nur der öffentliche Sektor könne inakzeptable wirtschaftliche Ungleichgewichte hervorrufen – die unsichtbare Hand des Marktes würde diejenigen Ungleichgewichte korrigieren, die der Markt selbst verursacht. Zudem waren sie überzeugt, die von ihnen getroffenen Sicherheitsvorkehrungen gegen Ungleichgewichte aus dem öffentlichen Sektor seien ausreichend. Infolgedessen behandelten sie Staatsanleihen als risikolose Anlagen, die Banken kaufen und halten können, ohne sie durch Kapitalreserven zu unterlegen.

Als der Euro eingeführt wurde, behandelte die EZB die Staatsanleihen aller Mitgliedstaaten gleich. Dadurch hatten die Banken einen Anreiz, sich mit den Anleihen der schwächeren Länder vollzustopfen, um so ein paar Basispunkte extra zu verdienen, denn die Renditen dieser Anleihen waren ein bisschen höher. Außerdem führte dies dazu, dass die Zinsen konvergierten. Und dies wiederum führte dazu, dass sich die Wirtschaftsleistungen auseinander entwickelten. Deutschland, das mit den Lasten der Wiedervereinigung zu kämpfen hatte, unternahm vor allem am Arbeitsmarkt Strukturreformen und wurde wettbewerbsfähiger. Anderen Ländern kamen die niedrigeren Zinsen zugute und sie erfreuten sich eines Häuserbooms, der sie weniger wettbewerbsfähig machte. Auf diese Weise rief die Einführung des Euros die Abweichungen hinsichtlich der Wettbewerbsfähigkeit hervor, die jetzt so schwer zu korrigieren sind. Die Banken bekamen die Bürde der Staatsanleihen weniger wettbewerbsfähiger Länder zu spüren, die sich von risikolosen Anlagen in die riskantesten verwandelten.

Der Umschlagpunkt wurde erreicht, als eine neu gewählte griechische Regierung enthüllte, dass die vorige Regierung geschummelt hatte und das Staatsdefizit viel größer war als gemeldet. Die Griechenlandkrise offenbarte den schwersten Mangel des Vertrags von Maastricht: Er enthält keine Bestimmungen für Korrekturen in der Konstruktion des Euros. Es gibt weder einen Mechanismus, um Zahlungen von verschuldeten Euro-Mitgliedstaaten zu erzwingen, noch einen Ausstiegsmechanismus aus dem Euro. Und die Mitgliedsländer können kein Geld drucken. Die Satzung der EZB verbietet es ihr strikt, den Mitgliedstaaten Geld zu leihen, auch wenn sie Banken Geld leiht. Und so fiel die Rettung Griechenlands den anderen Mitgliedstaaten zu.

Leider hatten die europäischen Behörden kaum begriffen, wie die Finanzmärkte wirklich funktionieren. Sie sind weit davon entfernt, das gesamte verfügbare Wissen zu Marktbewegungen zu kombinieren, wie es die Wirtschaftstheorie behauptet. Vielmehr werden die Finanzmärkte von Eindrücken und Emotionen beherrscht und sie verabscheuen Unsicherheit. Um eine Finanzkrise unter Kontrolle zu bekommen, sind eine starke Führung und reichlich Finanzmittel erforderlich. Aber Deutschland wollte nicht zum Zahlmeister für faule Schuldner werden. Darum tat Europa zu wenig und das zu spät, sodass die Griechenlandkrise wie ein Schneeball wuchs. Die Anleihen anderer hoch verschuldeter Länder wie Italien und Griechenland steckten sich an – das heißt, infolge des Scheiterns in Griechenland mussten sie höhere Renditen bezahlen. Die europäischen Banken erlitten Verluste, die in ihren Bilanzen nicht verbucht wurden.

Deutschland verschlimmerte diese Situation noch, indem es drakonische Bedingungen verhängte und darauf bestand, dass Griechenland auf das von Deutschland und anderen Staaten bereitgestellte Rettungspaket Strafzinsen bezahlte. Die griechische Wirtschaft brach zusammen, das Kapital flüchtete und Griechenland misslang es wiederholt, die Bedingungen für das Rettungspaket zu erfüllen. Irgendwann war Griechenland offenkundig zahlungsunfähig. Dann destabilisierte Deutschland die Lage noch mehr, indem es auf der Beteiligung des Privatsektors an der Rettung bestand. Dies trieb die Risikoprämien auf italienische und spanische Anleihen durch die Decke und gefährdete die Solvenz des Bankensystems. Dann verordneten die Behörden eine Rekapitalisierung des europäischen Bankensystems. Das war der Gnadenstoß. Dies bedeutete nämlich für die Banken einen enormen Anreiz, ihre Bilanzen dadurch zu verkürzen, dass sie Kredite einforderten und sich riskanter Staatsanleihen entledigten, anstatt ihre Aktien billiger zu verkaufen.

Das ist der Punkt, an dem wir heute stehen. Ab dem letzten Quartal 2011 machten sich die Auswirkungen der Kreditklemme auf die Realwirtschaft bemerkbar. Dann begann die EZB, ihre Zinsen zu senken und ihre Bilanz durch den Kauf von Staatsanleihen am freien

Markt aggressiv auszuweiten. Die langfristigen Refinanzierungsgeschäfte der EZB verschafften zwar dem Bankensystem Erleichterung, ließen aber die italienischen und spanischen Staatsanleihen auf der prekären Kippe zwischen tragbar und untragbar hängen.

Was liegt vor uns? Der wirtschaftliche Abschwung und die politische wie soziale Desintegration werden einander gegenseitig verstärken. Während der Aufschwungphase standen die führenden Politiker an vorderster Front der weiteren Integration, aber jetzt versuchen die europäischen Politiker, einen Status quo zu bewahren, der eindeutig unhaltbar ist. Verträge und Gesetze, die als Sprungbretter gedacht waren, haben sich in unverrückbare Felsen verwandelt. Ich denke da an Artikel 123 des Lissabon-Vertrags, welcher der EZB verbietet, den Mitgliedstaaten unmittelbar Geld zu leihen. Die deutschen Behörden – insbesondere das Bundesverfassungsgericht und die Bundesbank – sind fest entschlossen, Vorschriften durchzusetzen, die sich als undurchführbar erwiesen haben. So hat beispielsweise die enge Auslegung von Artikel 123 durch die Bundesbank verhindert, dass Deutschland seine Sonderziehungsrechte in die Rettungsbemühungen der G-20 einbringt. Das ist der Pfad zur Desintegration. Diejenigen, die den Status quo unerträglich finden und aktiv Veränderungen anstreben, werden zu antieuropäischem und fremdenfeindlichem Extremismus verleitet. Was derzeit in Ungarn geschieht – wo eine Rechtsaußen-Partei verlangt, dass Ungarn aus der EU austritt –, ist ein Vorbote dessen, was noch bevorsteht.

Die Aussichten sind zwar wirklich trübe, doch es muss einen Weg geben, dies zu umgehen. Schließlich ist die Geschichte nicht vorherbestimmt. Ich sehe durchaus eine Alternative – die Wiederentdeckung der Europäischen Union als das „fantastische Objekt", das so verführerisch erschien, als es eine bloße Idee war. Das fantastische Objekt war fast schon zum Greifen nahe, doch dann haben wir uns verirrt. Die offiziellen Vertreter vergaßen, dass sie fehlbar sind, und begannen, sich an den Status quo zu klammern, als sei er unantastbar. Die Wirklichkeit der Europäischen Union besitzt wenig Ähnlichkeit mit dem früher so verführerischen fantastischen Objekt. Sie ist dermaßen undemokratisch, dass die Wähler desillusioniert sind, und sie ist dermaßen unregierbar, dass sie die selbst erzeugte Krise nicht bewältigen kann.

Dies sind die Mängel, die behoben werden müssen. Das sollte eigentlich nicht unmöglich sein. Dafür brauchen wir nur erneut die Prinzipien einer offenen Gesellschaft zu bekräftigen und anzuerkennen, dass die herrschende Ordnung nicht in Stein gemeißelt ist und dass die Regeln der Nachbesserung bedürfen. Wir müssen für die Eurokrise eine europäische Lösung finden, weil einzelstaatliche Lösungen zur Auflösung der Europäischen Union führen würden – was eine Katastrophe wäre. Aber wir müssen auch etwas am Status quo ändern. Ein solches Programm könnte die schweigende Mehrheit inspirieren, die zwar desillusioniert und orientierungslos ist, aber im Herzen immer noch pro-europäisch.

Wenn ich mich in der Welt umsehe, dann sehe ich Menschen, die eine offene Gesellschaft anstreben. Ich sehe sie im Arabischen Frühling und in diversen afrikanischen Ländern. Ich sehe rege Bewegungen in Russland und in so fernen Ländern wie Burma und Malaysia. Warum nicht in Europa?

Um konkreter zu werden, möchte ich die Umrisse einer europäischen Lösung der Eurokrise skizzieren. Sie beinhaltet ein heikles Manöver in zwei Phasen, ähnlich dem, das uns aus dem Crash 2008 herausgebracht hat. Über die damalige Situation habe ich geschrieben: Wenn ein Auto ins Rutschen gerät, muss man zuerst in die Richtung lenken, in die man rutscht, und man kann die Richtung erst dann korrigieren, wenn man das Fahrzeug wieder unter Kontrolle hat. Im vorliegenden Fall müssen zuerst die Defizitländer einer strengen Finanzdisziplin unterworfen werden und es müssen Strukturreformen angeregt werden. Aber dann muss ein Anreiz gefunden werden, der aus dem deflationären Teufelskreis herausführt – denn Strukturreformen allein werden das nicht leisten. Dieser Anreiz muss von der Europäischen Union ausgehen und er muss sowohl gemeinsam als auch einzeln verbürgt sein. Wahrscheinlich wird er in der einen oder anderen Form Eurobonds beinhalten. Es ist allerdings wichtig, dass die

Lösung vorab formuliert wird. Ohne klaren Spielplan bleibt Europa in einem größeren Teufelskreis stecken, in dem wirtschaftlicher Niedergang und politische Desintegration einander gegenseitig verstärken.

TEIL I

2008: Nach dem Crash

DIE SCHLIMMSTE KRISE DER MÄRKTE SEIT 60 JAHREN

Financial Times, 23. Januar 2008

Die aktuelle Finanzkrise wurde durch eine Blase des US-Häusermarktes ausgelöst. In mancher Hinsicht ähnelt sie anderen Krisen, die seit dem Zweiten Weltkrieg in Abständen von vier bis zehn Jahren aufgetreten sind.

Es gibt aber einen tief greifenden Unterschied: Die derzeitige Krise markiert das Ende einer Ära der Ausweitung des Kreditaufkommens, basierend auf dem Dollar als internationale Reservewährung. Die periodisch auftretenden Krisen waren Teil eines umfassenden Prozesses aus Aufschwung und Niedergang. Die aktuelle Krise ist der Höhepunkt eines Super-Aufschwungs, der seit mehr als 60 Jahren anhält.

Aufschwünge mit nachfolgendem Zusammenbruch drehen sich normalerweise um Kredit und beinhalten immer eine Verzerrung oder eine Fehlauffassung. Gewöhnlich handelt es sich dabei um die Nichterkennung eines reflexiven, zirkulären Zusammenhangs zwischen der Bereitschaft zur Kreditvergabe und dem Wert der Sicherheiten. Leicht verfügbarer Kredit erzeugt Nachfrage, die den Wert von Grundbesitz steigert, was wiederum die Menge des verfügbaren Kredits erhöht.

Eine Blase entsteht dann, wenn die Menschen in der Erwartung Häuser kaufen, sie könnten ihre Hypothekendarlehen mit Gewinn refinanzieren. Der jüngste Häuserboom in den Vereinigten Staaten ist ein Paradebeispiel dafür. Bei dem 60-jährigen Boom liegt der Fall komplizierter.

Jedes Mal, wenn es zu Schwierigkeiten bei der Kreditausweitung kam, griffen die Finanzbehörden ein. Sie verabreichten Liquiditätsspritzen und fanden andere Möglichkeiten, die Konjunktur anzukurbeln. So entstand ein System asymmetrischer Anreize – auch subjektives Risiko, Moral Hazard, genannt –, das zu einer noch stärkeren Ausweitung des Kreditaufkommens ermunterte. Dieses System war derart erfolgreich, dass die Menschen anfingen, an das zu glauben, was der ehemalige US-Präsident Reagan als Magie des Marktes bezeichnete und was ich als Marktfundamentalismus bezeichne. Die Fundamentalisten sind überzeugt, dass der Markt ein Gleichgewicht anstrebt und dass dem allgemeinen Interesse am besten gedient ist, wenn man zulässt, dass die Marktteilnehmer ihr Eigeninteresse verfolgen. Dies ist eine offensichtliche Fehlauffassung, denn das Eingreifen der Behörden hat verhindert, dass die Finanzmärkte zusammenbrachen, und nicht die Finanzmärkte selbst. Und trotzdem wurde der Marktfundamentalismus in den 1980er-Jahren zur herrschenden Ideologie, als die Globalisierung der Finanzmärkte einsetzte und die Vereinigten Staaten begannen, ein Leistungsbilanzdefizit zu verzeichnen.

Die Globalisierung ermöglichte es den Vereinigten Staaten, die Ersparnisse der restlichen Welt aufzusaugen und mehr zu konsumieren, als sie produzierten. Im Jahr 2006 erreichte das Leistungsbilanzdefizit der Vereinigten Staaten 6,2 Prozent ihres Bruttosozialprodukts. Die Finanzmärkte ermunterten die Verbraucher dazu, sich immer mehr Geld zu leihen, indem sie immer ausgeklügeltere Instrumente und immer großzügigere Konditionen einführten. Die Behörden unterstützten diesen Prozess und leisteten ihm Vorschub, indem sie jedes Mal eingriffen, wenn das globale Finanzsystem in Gefahr geriet. Ab 1980 wurden die Regulierungen immer mehr gelockert, bis sie praktisch verschwunden waren.

Der Super-Boom lief aus dem Ruder, als die neuen Produkte so kompliziert wurden, dass die Behörden die Risiken nicht mehr kalkulieren konnten und begannen, sich auf die Risikomanagement-Methoden der Banken zu verlassen. In ähnlicher Weise verließen sich die Ratingagenturen auf die Informationen, die ihnen die Urheber synthetischer Produkte übermittelten – eine schockierende Aufgabe der Verantwortung.

Es ging alles schief, was schiefgehen konnte. Was mit den Subprime-Hypotheken begann, griff auf alle forderungsbesicherten Schuldpapiere über. Es brachte Kommunen, Hypothekenversicherungen und Rückversicherer in Gefahr und drohte, den mehrere Billionen Dollar umfassenden Markt für Credit Default Swaps zum Erliegen zu bringen. Die Engagements von Investmentbanken in fremdfinanzierten Übernahmen wurden zu Verbindlichkeiten. Es stellte sich heraus, das marktneutrale Hedgefonds gar nicht marktneutral waren, und sie mussten abgewickelt werden. Der Markt für besicherte Geldmarktpapiere kam zum Stillstand und die speziellen Anlagevehikel, die die Banken entwickelt hatten, um die Hypothekendarlehen aus ihren Bilanzen zu entfernen, bekamen keine externen Finanzierungen mehr.

Der tödliche Schlag kam, als die Interbanken-Kreditvergabe, die das Herz des Finanzsystems darstellt, zum Erliegen kam, weil die Banken mit ihren Mitteln haushalten mussten und ihren Geschäftspartnern nicht mehr trauen konnten. Die Notenbanken mussten beispiellose Geldmengen ins System pumpen und einer breiteren Palette von Institutionen als je zuvor Kredit auf ein beispielloses Spektrum von Wertpapieren gewähren. Dadurch wurde die Krise schlimmer als alle bisherigen Krisen seit dem Zweiten Weltkrieg.

Auf die Kreditausweitung muss jetzt zwangsläufig eine Periode der Schrumpfung folgen, denn manche neuen Kreditinstrumente sind unsolide und nicht nachhaltig. Die Fähigkeit der Finanzbehörden, konjunkturelle Anreize zu setzen, wird durch die mangelnde Bereitschaft der restlichen Welt eingeschränkt, zusätzliche Dollarreserven anzuhäufen. Bis vor Kurzem hofften die Anleger noch, die Federal Reserve würde alles tun, was nötig wäre, um eine Rezession zu verhindern, denn das hat sie bei früheren Gelegenheiten auch getan. Doch jetzt werden sie erkennen müssen, dass die Fed dazu vielleicht nicht mehr in der Lage ist. Da die Preise für Öl, Nahrungsmittel und andere Rohstoffe fest tendieren und der Renminbi etwas schneller steigt, muss sich die Fed auch Sorgen um Inflation machen. Wenn die Federal Funds Rate unter einen gewissen Punkt gesenkt würde, käme der Dollar erneut unter Druck und die Rendite langfristiger Anleihen würde faktisch steigen. Wo dieser Punkt liegt, ist aber unmöglich festzustellen. Wenn er erreicht wird, ist die Fähigkeit der Fed, die Wirtschaft anzukurbeln, am Ende.

Zwar ist eine Rezession in der entwickelten Welt inzwischen mehr oder weniger unvermeidlich, aber China, Indien und einige Erdöl produzierende Länder befinden sich in einem sehr starken Gegentrend. Daher wird die derzeitige Finanzkrise wohl eher keine globale Rezession, sondern vielmehr eine radikale Neuausrichtung der Weltwirtschaft bewirken – einen relativen Niedergang der Vereinigten Staaten und einen Aufstieg Chinas und anderer Schwellenländer.

Es besteht allerdings die Gefahr, dass die daraus resultierenden politischen Spannungen, unter anderem ein Protektionismus seitens der Vereinigten Staaten, eine Störung der globalen Wirtschaft verursachen und die Welt in eine Rezession oder Schlimmeres stürzen könnten.

***

Ich habe mein Modell der Super-Blase seither überdacht und datiere ihren Beginn auf 1980. Beide Ansätze sind zulässig, keiner ist perfekt. Das Kreditaufkommen ist zwar seit dem Zweiten Weltkrieg stets schneller gewachsen als das Bruttosozialprodukt und zum ersten Mal haben die Behörden schon 1973 in England bei den sogenannten Fringe Banks interveniert, um eine störende Kreditschrumpfung zu verhindern, aber zur Super-Blase wurde die Kreditausweitung erst nach 1980.

Der gefährliche Ölpreis

27. August 2008

Der folgende Text ist die überarbeitete Fassung einer Aussage von George Soros bei einer Anhörung zum Thema Aufsicht vor dem Handelsausschuss des US-Senats am 3. Juni 2008.

Im Januar 2007 stand der Ölpreis unter 60 Dollar pro Barrel. Im Frühjahr 2008 überschritt er erstmals die Marke von 100 Dollar und bis Mitte Juli stieg er auf ein Rekordhoch von 147 Dollar. Ende August steht er immer noch über 115 Dollar, was ein Anstieg um 90 Prozent in nur 18 Monaten ist. Der Benzinpreis an den Tankstellen ist in diesem Zeitraum in einem vergleichbaren Maß von 2,50 auf rund 4,00 Dollar pro Gallone gestiegen. Auch die Kosten für Transport und Herstellung sind steil gestiegen. All das begann gleichzeitig mit einer weltweiten Kreditkrise, die mit dem Kollaps der Häuserblase in den Vereinigten Staaten angefangen hat. Dass zu der Kreditkrise noch die steigenden Ölkosten hinzukommen, bremst die Weltwirtschaft und verstärkt die Aussichten auf eine Rezession in den Vereinigten Staaten.

Die Öffentlichkeit verlangt die Beantwortung von zwei Fragen. Die Hauptfrage lautet, ob der steile Anstieg des Ölpreises eine Spekulationsblase ist oder einfach nur fundamentale Faktoren widerspiegelt, zum Beispiel die schnell wachsende Nachfrage aus Entwicklungs- und Schwellenländern sowie das zunehmend knappe Angebot, das durch die schwindende Verfügbarkeit leicht förderbarer Ölreserven verursacht wird. Die zweite Frage hängt mit der ersten zusammen. Wenn der Ölpreisanstieg zumindest teilweise aus Spekulationen resultiert, welche Art von Regulierung dämpft dann am besten die schädlichen Folgen dieses Anstiegs und vermeidet auch künftig überzogene Preisschwankungen?

Ich bin zwar kein Ölexperte, aber ich habe mich als professioneller Anleger ein Leben lang mit Investmentblasen befasst. Meine Theorie der Investmentblasen, die ich in meinem letzten Buch, „Die Analyse der Finanzkrise", genauer erläutert habe, unterscheidet sich erheblich von der üblichen Betrachtungsweise. Laut meiner Theorie streben die Preise an Finanzmärkten nicht unbedingt einem Gleichgewicht zu. Sie spiegeln nicht nur passiv die fundamentalen Bedingungen von Angebot und Nachfrage wider, sondern beeinflussen auf mehrere Arten die Fundamentaldaten, die sie angeblich widerspiegeln. Es besteht ein reflexives Wechselspiel in zwei Richtungen zwischen verzerrten Wahrnehmungen des Marktes und den Fundamentaldaten – und dieses Wechselspiel kann die Märkte weit vom Gleichgewicht wegführen. Jede Abfolge von Aufschwung oder Blase und Zusammenbruch beginnt mit einer fundamentalen Veränderung, zum Beispiel mit der Ausbreitung des Internets, und wird von einer Fehlinterpretation des neuen Preistrends gefolgt, der sich aus dem Wandel ergibt. Anfangs verstärkt diese Fehlinterpretation sowohl den Trend als auch die Fehlinterpretation selbst, aber irgendwann wird die Kluft zwischen der Wirklichkeit und ihrer Interpretation durch die Märkte so groß, dass sie unhaltbar wird.

Die Fehlauffassung wird dann zunehmend als solche erkannt, es setzt eine Desillusionierung ein und die veränderte Wahrnehmung beginnt, die fundamentalen Bedingungen in der entgegengesetzten Richtung zu beeinflussen. Irgendwann kehrt sich der Trend der Marktpreise um. Wenn die Preise sinken, dann sinkt auch der Wert der Sicherheiten, mit denen Darlehen unterlegt wurden, und dies führt zu Nachschussforderungen. Die Inhaber von Wertpapieren müssen sie dann zu Notfallpreisen verkaufen, um die Mindestanforderungen an Cashbestand oder Kapital zu erfüllen, und solche Verkäufe führen häufig dazu, dass der Markt in der entgegengesetzten Richtung über das Ziel hinausschießt. Der Zusammenbruch ist tendenziell kürzer und steiler als der vorangegangene Aufschwung.

Diese Abfolge widerspricht der gängigen Ansicht, wonach die Märkte einem Gleichgewicht zustreben und Abweichungen vom Gleichgewicht nach einem zufälligen Muster erfolgen. Die weithin gebräuchlichen synthetischen Finanzinstrumente, beispielsweise die Collateralized Debt Obligations (CDOs), die bei der Verwandlung der Subprime-Hypothekenkrise in eine viel größere Finanzkrise eine so wichtige Rolle gespielt haben, gründen sich auf diese Ansicht.

Tatsächlich haben es die Finanzinstitutionen, die Ratingagenturen und die Regulierungsbehörden versäumt, die Möglichkeit einer anfänglich selbst verstärkenden, aber später selbst zerstörenden Abfolge von Aufschwung und Zusammenbruch zu berücksichtigen. Sie haben ihre Risikokalkulationen auf falsche Voraussetzungen gegründet. Als die Subprime-Blase platzte, verloren als AAA geratete CDOs und andere synthetische Instrumente plötzlich einen großen Teil ihres Werts. Die Subprime-Krise griff mit alarmierender Geschwindigkeit auf andere Märkte über und die Solvenz der kreditwürdigsten Finanzinstitutionen wurde auf einmal in Zweifel gezogen.

Im Moment erleben wir das Platzen einer Kreditblase, die das gesamte Finanzsystem betrifft. Gleichzeitig erleben wir den Anstieg und schließlich den Fall des Ölpreises und anderer Rohstoffpreise, die einige Eigenschaften einer Blase aufweisen. Ich glaube, dass diese beiden Phänomene im Rahmen dessen miteinander in Zusammenhang stehen, was ich als Super-Blase bezeichne, die sich im letzten Vierteljahrhundert entwickelt hat. Der fundamentale Trend dieser Super-Blase war der zunehmende Einsatz von Schuldenhebeln – man lieh sich Geld, um Konsum und Investments zu finanzieren –, und die fundamentale Fehlauffassung bezüglich dieses Trends war das, was ich als Marktfundamentalismus bezeichne, also die Überzeugung, die Märkte würden für die bestmögliche Verteilung der Ressourcen sorgen.

So viel zu Blasen im Allgemeinen. Konkret auf den Ölmarkt bezogen bin ich überzeugt, dass vier Hauptfaktoren im Spiel sind, die einander gegenseitig verstärken. Zwei davon sind fundamental und zwei sind in dem Sinne „reflexiv", dass sie Tendenzen des Marktes beschreiben, die sich ihrerseits auf die angeblich fundamentalen Bedingungen von Angebot und Nachfrage auswirken.

Zunächst einmal steigen die Kosten für die Entdeckung und Erschließung neuer Reserven und die alternden Ölreserven werden in immer schnellerem Tempo aufgebraucht. Dazu gibt es das irreführende Schlagwort „Peak Oil", das besagt, wir hätten den Höhepunkt der weltweiten Förderung erreicht oder fast erreicht. Dieses Konzept ist deshalb irreführend, weil es durch höhere Preise wirtschaftlich machbar wird, kostspieligere Energiequellen zu erschließen. Aber es enthält auch ein wichtiges Körnchen Wahrheit: Einige der am leichtesten zugänglichen und ergiebigsten Ölquellen in Ländern wie Saudi-Arabien oder Mexiko wurden vor 40 oder mehr Jahren entdeckt und ihre Ergiebigkeit geht jetzt rapide zurück.

Zweitens besteht die „reflexive" Tendenz, dass das Ölangebot bei steigenden Preisen sinkt, sodass sich die normale Form der Angebotskurve umkehrt. Üblicherweise erhöhen ja die Produzenten das Angebot, wenn der Preis eines Produkts steigt. Ölproduzenten, die mit einem weiteren Anstieg des Ölpreises rechnen, haben jedoch weniger Anreiz, ihre unterirdischen Ölreserven in oberirdische Dollarreserven umzuwandeln. Sie rechnen sich möglicherweise aus, dass sie besser dran sind, wenn sie ihre Reserven langsamer ausbeuten. Dies hat zu dem geführt, was viele als rückwärts geneigte Angebotskurve bezeichnen. Und zusätzlich versetzt der hohe Ölpreis politische Regimes, die sowohl ineffizient als auch dem Westen feindlich gesonnen sind, in die Lage, sich an der Macht zu halten – vor allem Iran, Venezuela und Russland. Die Ölförderung dieser Länder geht zurück.

Drittens halten die Länder, in denen die Nachfrage am schnellsten wächst – vor allem die großen Ölproduzenten sowie China und andere asiatische Exportländer –, die Energiepreise im Inland durch Subventionen künstlich niedrig. Deshalb senken Preisanstiege die Nachfrage nicht so stark, wie sie es unter normalen Umständen tun würden. Man kann dies zu den fundamentalen Gegebenheiten zählen, auch wenn sich die Politik dieser Staaten unter ihrem Haushaltsdruck nach und nach ändert.

Und schließlich wird die Nachfrage noch durch Spekulationen erhöht, die tendenziell den Trend des Marktes verstärken. Das ist ein durch und durch reflexives Phänomen. Zusätzlich zu den Hedgefonds und den Privatanlegern engagieren sich auch institutionelle Anleger wie Pensionsfonds und Stiftungsfonds zunehmend in Rohstoffindizes, die nicht nur Öl, sondern auch Gold und andere Rohstoffe umfassen. Tatsächlich sind solche institutionellen Investoren an den Futures-Märkten mittlerweile „der Elefant, den keiner sehen will". Rohstoffe sind inzwischen eine für institutionelle Anleger geeignete Anlageklasse und sie erhöhen ihre Positionen in dieser Anlageklasse, indem sie in Rohstoffindizes investieren. Im Frühjahr und im Frühsommer 2008 sind die Spotpreise für Öl und andere Rohstoffe weit über die Grenzkosten für die Produktion gestiegen. Dabei sind die Preise für Forward-Kontrakte viel schneller gestiegen als die Spotpreise. Die Preischarts nehmen die Form einer Parabel an, was typisch für im Entstehen begriffene Blasen ist.

Haben wir also eine Blase? Die Antwort lautet, dass ein Aufwärtstrend des Ölpreises, der stark in der Realität verwurzelt ist, von einer Blase überlagert wird. Es ist eine Tatsache, dass – falls keine Rezession kommt – die Nachfrage schneller steigt als das Angebot an verfügbaren Reserven. Dieser Zustand würde selbst dann fortbestehen, wenn die Spekulation und die Käufe von Rohstoffindizes wegfallen würden. Bei meiner Besprechung des Blasenelements lege ich den Schwerpunkt auf die institutionellen Käufe von Rohstoffindizes, weil sie so perfekt zu meiner Theorie der Blasen passen.

Dass die Rohstoffindizes gekauft werden, beruht auf einer Fehlauffassung. Die Investition in Rohstoffindizes ist kein produktiver Kapitaleinsatz. Als man etwa im Jahr 2002 anfing, massiv für diese Idee zu werben, hatte das seinen Grund. Rohstoff-Futures waren billiger als Rohstoffe am Kassamarkt und die Institutionen konnten aus dieser sogenannten Backwardation – dem Betrag, um den der Spotpreis über dem Futures-Preis lag – zusätzlichen Gewinn ziehen. Indirekt stellten die Finanzinstitutionen den Rohstoffproduzenten, die ihre Produkte im Voraus verkaufen – sie bekommen einen festen Preis für Rohstoffe, die sie zu einem späteren Zeitpunkt liefern –, somit Kapital zur Verfügung, mit dem sich diese die Finanzierung von Investitionen in zusätzliche Produktion sichern konnten. Dies war ein legitimer Kapitaleinsatz. Aber der Andrang wurde immer größer und diese Gewinnmöglichkeit verschwand wieder. Nichtsdestotrotz lockt diese Anlageklasse einfach deshalb zusätzliche Investitionen an, weil sich gezeigt hat, dass sie rentabler ist als andere Vermögenswerte. Es ist ein klassisches Beispiel dafür, dass ein Preistrend eine Fehlauffassung aufkommen lässt und dass er sich in beide Richtungen selbst verstärken kann.

Mich erinnern die Käufe von Rohstoffindizes auf unheimliche Weise an die ähnliche Modeerscheinung der Portfolioversicherung, die zu dem Börsencrash 1987 geführt hat. In beiden Fällen steigen institutionelle Investoren massiv auf der einen Seite des Marktes ein und besitzen ausreichend Gewicht, ihn aus dem Gleichgewicht zu bringen. Wenn sich der Trend umkehren würde und die Institutionen würden ebenso wie 1987 geschlossen zu den Ausgängen rennen, würde es einen Crash geben. Wenn Indexkäufe und Spekulationen einem Trend nachlaufen, verstärken sie tendenziell die vorherrschende Bewegungsrichtung der Preise und wirken destabilisierend, weil sie die Aussichten auf eine Rezession erhöhen. Dieser Effekt kann sich nur umkehren, wenn sich die Rezession bemerkbar macht und die Nachfrage zurückgeht. Es wäre aber wünschenswert, die Indexkäufe und die Spekulation schon einzudämmen, während sie noch eine Blase anschwellen lassen.

Es gibt ein auf den ersten Blick starkes Argument dagegen, dass institutionelle Investoren die Strategie verfolgen, in Rohstoffindizes zu investieren. Es ist nämlich intellektuell unseriös, potenziell destabilisierend und hat eindeutig nachteilige Auswirkungen auf die Wirtschaft. Wenn es jedoch darum geht, regulatorische Maßnahmen zu ergreifen, liegt der Fall weniger klar. Regulierungen könnten unbeabsichtigte nachteilige Auswirkungen haben. Sie könnten beispielsweise Anleger dazu veranlassen, stärker auf unregulierten Märkten zu agieren, zum Beispiel schiffladungsweise mit Öl zu handeln, was weniger transparent wäre und weniger Schutz böte.

Laut dem derzeitigen Gesetz, das die Manager von Pensions-Anlagen reguliert – dem Employee Retirement Investment Security Act (ERISA) –, könnte es möglich sein, den institutionellen Investoren plausibel zu machen, dass sie gegen die „Regel des vorsichtigen Mannes" verstoßen, die sie laut dem Gesetz einhalten müssen, denn sie „folgen der Herde", ebenso wie 1987. Die Angst vor einem solchen Verstoß könnte sie dazu veranlassen, vernünftigere Trading-Praktiken einzuführen.

Wenn das nicht funktioniert, könnte der Staat die Rohstoffe – im Unterschied zu den Aktien von Rohstoffe produzierenden Unternehmen – aus den Anlageklassen ausnehmen, die für Finanzinstitutionen geeignet sind, welche nach ERISA reguliert sind. Diese Institutionen werden von Investmentbanken wie Goldman Sachs und Morgan Stanley betreut, die derzeit von Beschränkungen für spekulative Positionen befreit sind. Wenn man solche Beschränkungen einführen würde, könnte man die Teilnehmer zwar von dem Handel mit Rohstoffindizes abbringen. Damit die Beschränkungen aber wirklich wirksam wären, müssten sie auch für den Handel mit Schiffsladungen Öl gelten.

Manche schlagen vor, die Margin-Anforderungen für Rohstofftransaktionen sollten verschärft werden. Die Margin-Regeln legen fest, wie viel Bargeld oder Schatzanleihen hinterlegt werden müssen, wenn man einen Kontrakt kauft oder verkauft. Auf die Rohstoffindex-Strategien von ERISA-Institutionen hätte eine Erhöhung der Margin-Anforderungen keine Auswirkungen, weil die entsprechenden Transaktionen bar erfolgen, nicht auf Kredit. Allerdings könnte eine solche Erhöhung die Spekulation anderer Investoren dämpfen, die keine Finanzinstitutionen sind. Die Veränderung der Margin-Anforderungen und der von Finanzinstitutionen geforderten Mindestreserven für Darlehen sind Werkzeuge, die aktiver eingesetzt werden sollten, um ein weiteres Anschwellen von Blasen zu verhindern, wenn es die

Marktbedingungen geboten erscheinen lassen. Das ist eine der Lehren, die man aus der jüngsten Finanzkrise ziehen kann.

Abschließend möchte ich betonen, dass eine Eindämmung der Spekulation mit Öl-Futures bestenfalls vorübergehend Abhilfe schaffen würde. Das würde in einer Zeit, in der der parabelförmige Anstieg des Ölpreises die Aussichten auf eine Rezession verstärkt, zwar einen nützlichen Zweck erfüllen, aber es würde nicht die fundamentalen Probleme des „Peak Oil", der globalen Erwärmung und der Tatsache beheben, dass wir für unsere Energieversorgung auf politisch instabile oder gar feindliche Länder angewiesen sind. Diese Probleme können nur durch die Entwicklung kohlendioxidfreier Energiequellen gelöst werden. Dass aufgrund der rückläufigen Ölnachfrage in der entwickelten Welt eine Rezession unmittelbar bevorsteht, bringt wahrscheinlich eine gewisse Entspannung hinsichtlich hoher Ölpreise, aber diese Entspannung wird nur vorübergehender Natur sein. Sie sollte unsere Aufmerksamkeit nicht von der dringenden Notwendigkeit ablenken, alternative Energiequellen zu entwickeln – und das wird zumindest in der Anfangsphase höhere Preise nach sich ziehen.

Solange keine Alternativen vorhanden sind, kann der Ölpreis ins Unendliche steigen. Nur wenn wir bereit sind, mit höheren Preisen zu leben, damit wir alternative Brennstoffe entwickeln können, dürfen wir hoffen, dass wir irgendwann eine Umkehr des langfristigen Aufwärtstrends beim Ölpreis sehen. Im Gegensatz zu Öl und anderen fossilen Brennstoffen, deren Produktionskosten steigen dürften, werden die alternativen Brennstoffe billiger, wenn wir günstigere und effizientere Technologien für ihre Ausbeutung entdecken. Dadurch werden sie letztlich auch die Preise der fossilen Brennstoffe senken.

PAULSON DARF KEINEN BLANKOSCHECK BEKOMMEN

Financial Times, 24. September 2008

Hank Paulsons Rettungspaket in Höhe von 700 Milliarden Dollar trifft auf dem Kapitolhügel auf Widerstand. Und das zu Recht: Es ist schlecht durchdacht. Der Kongress würde seine Verantwortung abgeben, wenn er dem Finanzminister einen Blankoscheck ausstellen würde. In dem Gesetzentwurf, der dem Kongress vorgelegt wurde, gab es sogar Formulierungen, wonach die Entscheidungen des Finanzministers von der Überprüfung durch Gerichte oder Verwaltungsbehörden ausgenommen wären – die ultimative Erfüllung des Traums der Bush-Regierung von der freien Exekutive.

Paulsons Vorgeschichte flößt nicht das nötige Vertrauen ein, ihm die Verfügungsgewalt über 700 Milliarden Dollar zu geben. Seine Taten in der vergangenen Woche haben ja die Krise verursacht, welche die Rettung notwendig macht. Am Montag hat er zugelassen, dass Lehman Brothers Pleite macht, und er hat sich geweigert, staatliche Mittel für die Rettung von AIG bereitzustellen. Am Dienstag musste er eine Kehrtwende vollziehen und ein Darlehen in Höhe von 85 Milliarden Dollar an AIG zu Strafzinsen vergeben. Der Untergang von Lehman brachte den Markt für Geldmarktpapiere zum Erliegen. Ein großer Geldmarktfonds fiel unter einen Dollar und den Investmentbanken, die auf den Geldmarkt zugriffen, fiel es daher schwer, ihren Betrieb zu finanzieren. Am Donnerstag war ein Ansturm auf die Geldmarktfonds in vollem Gange und wir kamen einer Kernschmelze so nahe wie seit den 1930er-Jahren nicht mehr. Wieder vollzog Paulson eine Wende und schlug eine systemische Rettung vor.

Er hatte vom Kongress schon einmal einen Blankoscheck bekommen, damals für Fannie Mae und Freddie Mac. Seine Lösung ließ den Häusermarkt in der schlechtesten aller Welten landen: Die Unternehmenslenker von Fannie und Freddie wussten, dass sie ihren Job verlieren würden, wenn die Blankoschecks ausgestellt würden. Deshalb führten sie Einschränkungen ein und machten die Hypothekardarlehen teurer sowie schwerer zu bekommen. Wenige Wochen später führte der Markt Herrn Paulson die Hand und er musste beide übernehmen.

Paulsons Vorschlag, notleidende Wertpapiere zu kaufen, die mit Hypotheken in Zusammenhang stehen, wirft ein klassisches Problem der asymmetrischen Information auf. Die Wertpapiere sind schwer zu bewerten, aber die Käufer wissen mehr über sie als die Verkäufer: Bei einer etwaigen Auktion müsste das Finanzministerium den Müll einsammeln. Außerdem strotzt der Vorschlag vor latenten Konflikten über Zinsfragen. Der Plan würde nur Erleichterung bringen, wenn das Schatzministerium für die Wertpapiere zu viel bezahlt. Aber wenn der Plan für die Rettung insolventer Banken genutzt wird, was bekommt dann der Steuerzahler als Gegenleistung?

Barack Obama hat vier Bedingungen skizziert, die auferlegt werden sollten: neben den Nachteilen für die Steuerzahler auch Vorteile; ein 2-Parteien-Rat, der den Prozess beaufsichtigt; Hilfe nicht nur für die Inhaber der Hypotheken, sondern auch für die Hausbesitzer; und gewisse Obergrenzen für die Gehälter derjenigen, die vom Geld der Steuerzahler profitieren. Das sind die richtigen Grundsätze. Man könnte sie wirksamer umsetzen, wenn man die mit notleidenden Wertpapieren belasteten Institutionen direkt kapitalisieren würde, anstatt sie um die notleidenden Papiere zu erleichtern.

Die Injektion von Staatsgeldern wäre viel unproblematischer, wenn sie auf das Eigenkapital anstatt auf die Bilanz angewendet würde. 700 Milliarden Dollar an Vorzugsaktien mit Bezugsrecht könnten durchaus reichen, um das Loch zu schließen, das durch das Platzen der Häuserblase gerissen wurde. Im Gegensatz dazu dürfte die Zugabe von 700 Milliarden Dollar auf die Nachfrageseite eines 11.000 Milliarden Dollar schweren Marktes nicht ausreichen, um den Verfall der Häuserpreise aufzuhalten. Also muss auch auf der Angebotsseite etwas getan werden. Um zu verhindern, dass die Häuserpreise nach unten über das Ziel hinausschießen, muss die Anzahl der Zwangsvollstreckungen auf ein Minimum beschränkt werden. Die Bedingungen der Hypothekendarlehen müssen an die Zahlungsfähigkeit der Hausbesitzer angepasst werden.

Das Rettungspaket lässt diese Aufgabe unerledigt. Die notwendigen Änderungen sind eine heikle Aufgabe, die noch durch die Tatsache erschwert wird, dass viele Hypotheken zerhackt und in Form von forderungsbesicherten Schuldpapieren oder CDOs umverpackt wurden. Die Inhaber der verschiedenen Tranchen haben widerstreitende Interessen. Diese Konflikte dadurch zu bewältigen, dass man einen Änderungsplan für Hypothekendarlehen in das Rettungspaket aufnimmt, würde zu lange dauern. Das Paket kann aber durchaus den Boden dafür bereiten, wenn es die Bankrottgesetzgebung im Hinblick auf Hauptwohnsitze ändert.

Da die Krise nun losgetreten wurde, ist ein Rettungspaket im großen Stil wahrscheinlich unerlässlich, um sie unter Kontrolle zu bringen. Die Wiederaufstockung der dezimierten Bilanzen des Bankensystems ist der richtige Weg. Zwar hat nicht jede Bank die Rettung verdient, aber man kann darauf zählen, dass die Experten von der Federal Reserve bei ordnungsgemäßer Aufsicht die richtigen Entscheidungen treffen.

Unternehmensleitungen, die sich dagegen wehren, die Konsequenzen früherer Fehler zu tragen, könnte man durch Ausschluss von den Kreditfazilitäten der Fed bestrafen. Die Bereitstellung staatlicher Mittel dürfte auch den privaten Sektor dazu ermutigen, sich an der Rekapitalisierung des Bankensektors zu beteiligen und die Finanzkrise zu einem Ende zu bringen.

Die Rekapitalisierung des Bankensystems

Financial Times, 2. Oktober 2008

Die Notfall-Gesetzgebung im Kongress war schlecht durchdacht – genauer gesagt überhaupt nicht durchdacht. Aus dem Versuch des Kongresses, das zu verbessern, was das Finanzministerium gefordert hatte, ist ein kombinierter Plan hervorgegangen, der aus dem ursprünglichen Troubled Asset Relief Program (TARP) des Finanzministeriums und einem ganz anders gelagerten Kapitalspritzen-Programm besteht. Im Zuge dessen investiert der Staat in geschwächte Banken, stabilisiert sie dadurch und profitiert schließlich von der Verbesserung der Konjunktur. Der Ansatz der Kapitalspritzen kostet den Steuerzahler in den kommenden Jahren weniger und könnte ihm letztlich sogar Geld einbringen.

Vor zwei Wochen hatte das Finanzministerium keinen Plan parat – deshalb musste es um vollkommen freie Hand bei der Ausgabe des Geldes bitten. Aber die eigentliche Idee bestand darin, dem Bankensystem Erleichterung zu verschaffen, indem es von seinen toxischen Wertpapieren befreit wurde, und diese in einem Staatsfonds zu parken, damit sie nicht zu Notfallpreisen auf dem Markt verschleudert werden.

Sobald der Wert ihrer Anlagen stabilisiert wäre, sollten die Banken dann in der Lage sein, sich Eigenkapital zu beschaffen.

Diese Idee war mit Schwierigkeiten gespickt. Die fraglichen toxischen Papiere sind nicht homogen und in einem etwaigen Auktionsverfahren dürften die Verkäufer den Bodensatz wohl beim Staatsfonds abladen. Überdies geht dieser Plan nur die eine Hälfte des dahinter stehenden Problems an – die mangelnde Verfügbarkeit von Kredit. Er tut sehr wenig dafür, dass Hausbesitzer in die Lage versetzt werden, ihre Hypothekenverpflichtungen zu erfüllen, und er geht das Problem der Zwangsvollstreckungen nicht an. Da die Häuserpreise noch nicht den Tiefpunkt erreicht haben, dürften die Steuerzahler die Verlierer sein, wenn der Staat die Preise von hypothekenbesicherten Anleihen in die Höhe bietet. Aber wenn der Staat nicht draufzahlt, erfährt das Bankensystem keine große Erleichterung und kann kein Eigenkapital aus dem Privatsektor anlocken.

Ein Plan, der so massiv die Wall Street gegenüber Otto Normalverbraucher bevorzugt, war politisch inakzeptabel. Die Demokraten, die ja die Oberhand haben, bogen ihn darum so um, dass er diejenigen Finanzinstitutionen bestraft, die daraus einen Vorteil schlagen wollen. Die Republikaner wollten nicht zurückstehen und setzten die Forderung durch, dass die angedienten Wertpapiere auf Kosten der andienenden Institution gegen Verlust versichert werden müssen. So, wie das Rettungspaket nun zusammengestellt wurde, ist es eine Verschmelzung mehrerer Ansätze. Jetzt besteht die echte Gefahr, dass das Wertpapier-Aufkaufprogramm wegen der belastenden Bedingungen, die daran geknüpft sind, nicht vollständig genutzt wird.

Trotzdem war ein Rettungspaket dringend nötig und es konnte trotz seiner Mängel den Lauf der Ereignisse ändern. Noch am 22. September hoffte Finanzminister Hank Paulson, er könnte es vermeiden, das Geld der Steuerzahler einzusetzen. Deshalb ließ er den Bankrott von Lehman Brothers zu. Das TARP hat das Prinzip festgeschrieben, dass öffentliche Gelder nötig sind, und wenn das gegenwärtige Programm nicht funktioniert, werden weitere Programme eingerichtet. Dann haben wir den Rubikon überschritten.

Da das TARP schlecht durchdacht war, dürfte es bei Amerikas Gläubigern eine negative Reaktion hervorrufen. Sie könnten es als Versuch betrachten, die Schulden durch Inflation zu tilgen. Der Dollar dürfte unter Druck geraten und die Regierung wird für ihre Schulden mehr bezahlen müssen, vor allem auf die langfristigen. Diese widrigen Konsequenzen könnten durch einen effektiveren Einsatz der Steuergelder gemildert werden.

Anstatt einfach notleidende Anlagen aufzukaufen, sollte der Löwenanteil der Mittel für die Rekapitalisierung des Bankensystems verwendet werden. Mittel, die auf der Ebene des Eigenkapitals zugeschossen werden, sind im Verhältnis zu Mitteln, die auf der Ebene der Bilanz eingesetzt werden, mindestens zwölfmal so wirksam – sodass dem Staat im Endeffekt 8.400 Milliarden Dollar zur Verfügung stünden, um den Kreditfluss wieder in Gang zu bringen. In der Praxis wäre die Wirkung sogar noch größer, weil der Einschuss von Staatsmitteln auch privates Kapital anlocken würde. Das Ergebnis wäre eine stärkere konjunkturelle Erholung und die Chance für die Steuerzahler, von dieser Erholung zu profitieren.

Wie man die Banken kapitalisiert und das Finanzsystem rettet

Financial Times, 12. Oktober 2008

Nachdem Hank Paulson nun erkannt hat, dass man das TARP am besten einsetzt, um das Bankensystem zu rekapitalisieren, muss unbedingt präzise formuliert werden, wie das geschehen soll. Da dieser Plan nicht zum ursprünglichen Ansatz des Finanzministers gehörte, besteht die reale Gefahr, dass er nicht richtig strukturiert wird und sein Ziel nicht erreicht. Da die Finanzmärkte am Rande der Kernschmelze stehen, ist es lebenswichtig, die Aussichten auf eine erfolgreiche Rekapitalisierung klar vor Augen zu führen.

Das TARP sollte so funktionieren: Der Finanzminister sollte zunächst einmal von den Bankenaufsichtsbehörden verlangen, dass sie für jede Bank eine Schätzung vorlegen, wie viel zusätzliches Kapital sie brauchen würde, um die satzungsmäßige Anforderung von acht Prozent zu erfüllen. Die Aufsichtsbehörden kennen die Banken, prüfen sie intensiv und sammeln Informationen über sie. Sie wären in der Lage, innerhalb kurzer Zeit Schätzungen vorzulegen, wenn sie klare Anweisungen hätten, welche Annahmen sie dafür verwenden sollen. Bei den kleineren, eher einfach strukturierten Instituten wären diese

Schätzungen relativ verlässlich, aber bei Konzernen wie Citibank und Goldman Sachs müssten auch einige Vermutungen angestellt werden. Die Unternehmensleitungen solventer Banken hätten dann die Möglichkeit, sich selbst zusätzliches Kapital zu beschaffen oder sich an das TARP zu wenden. Dieses würde dann die Bedingungen angeben, zu denen es bereit wäre, eine Neuemission von Wandelvorzugsaktien zu organisieren. (Wandelvorzugsaktien sind besser als Bezugsrechte, weil die Banken später keine zusätzlichen Kapitalspritzen nötig haben sollten.) Die Vorzüge hätten einen niedrigen Kupon von fünf Prozent, damit sie die Rentabilität der Bank nicht beeinträchtigen. Die Neuemissionen würden zwar die Positionen der existierenden Aktionäre verwässern, aber diese würden dafür Vorzugsrechte für die Zeichnung zu den gleichen Bedingungen wie beim TARP bekommen. Wenn sie bereit und in der Lage wären, zusätzliches Kapital aufzubringen, würden sie also nicht verwässert werden. Diese Rechte wären übertragbar, und wenn man die Konditionen klug festlegen würde, dann würden andere Investoren sie auch wahrnehmen.

Bei Anwendung dieses Ansatzes dürften 700 Milliarden Dollar mehr als ausreichend sein, um das gesamte Bankensystem zu rekapitalisieren, und dann wären noch Mittel übrig, mit denen man Hypothekenpapiere kaufen und bis zur Fälligkeit halten könnte. Da insolvente Banken kein Anrecht auf Rekapitalisierung hätten, würde die Einlagenversicherung Federal Deposit Insurance Corporation bestimmt einen Nachschlag verlangen.

Parallel zum Rekapitalisierungsplan würden die Behörden die Mindestkapital-Anforderungen senken, sodass die Banken um neue Geschäfte konkurrieren würden. Außerdem würde die Fed für Interbankenkredite an Banken bürgen, die für eine Rekapitalisierung infrage kommen. Dies würde den Interbankenmarkt wieder aktivieren und dazu führen, dass die Spanne zwischen dem Libor (London Interbank Offered Rate) und der Fed Funds Rate wieder in den normalen Bereich zurückkehrt. Dadurch würden die abnorm hohen Zinsen auf Geschäfts- und Hypothekenkredite sinken, die an den Libor gebunden sind.

Der Erfolg des Banken-Rekapitalisierungsprogramms könnte dadurch untergraben werden, dass die Häuserpreise nach unten über das Ziel hinausschießen. Es wird ein separates Bündel von Maßnahmen benötigt, das die Zwangsvollstreckungen auf ein Minimum beschränkt und das äußerst mangelhafte US-System der Hypothekenfinanzierung umstrukturiert. Auch zusammengenommen würden diese beiden Maßnahmenpakete eine Rezession zwar nicht verhindern – im Finanzsystem wurde schon zu viel Schaden angerichtet und die breite Öffentlichkeit ist von den Ereignissen der letzten Tage traumatisiert –, aber sie würden ihre Dauer und ihre Schwere mindern. Sobald die Konjunktur auf normales Niveau zurückkehrt, würden die Mindestkapital-Anforderungen an die Banken wieder gelockert werden.

Das internationale Finanzsystem muss zwar repariert werden, aber es gibt Anlass für Optimismus. Europa hat begriffen, dass es den Euro um ein staatliches Sicherheitsnetz für Interbankenkredite ergänzen muss. Und der Internationale Währungsfonds findet eine neue Mission darin, die Länder an der Peripherie vor dem Sturm im Zentrum zu schützen.

Die hier skizzierte Rekapitalisierung wäre keiner der Schwierigkeiten von Rückwärtsauktionen für Wertpapiere unterworfen, denen schwer ein Preis zuzuweisen ist. Dies würde dazu beitragen, die Wirtschaft wieder anzukurbeln, und es würde den Steuerzahlern wahrscheinlich ähnliche Renditen bescheren wie mein Fonds. Aber die Fristeinhaltung ist hier wesentlich. Die Behörden haben die Kontrolle über die Situation verloren, weil sie ständig hinter den Ereignissen hinterhergehinkt sind. Bis sie handelten, waren die Maßnahmen, die hätten stabilisierend wirken können, unwirksam. Die Situation kann nur durch die umgehende Ankündigung eines Maßnahmenbündels und eine energische Umsetzung unter Kontrolle gebracht werden.

Taten sagen mehr als Worte. Konkret muss Morgan Stanley dringend gerettet werden. Das Finanzministerium sollte anbieten, die gleiche Investition wie Mitsubishi in Form von Vorzugsaktien zu leisten, deren Wandlungskurs über dem Kaufpreis von Mitsubishi liegt.

Dies würde den Mitsubishi-Deal retten und Zeit für die erfolgreiche Umsetzung der Programme zur Rekapitalisierung und der Hypothekenreform verschaffen.

AMERIKA MUSS DIE RETTUNG
DER EMERGING MARKETS ANFÜHREN

Financial Times, 28. Oktober 2008

Das globale Finanzsystem in seiner derzeitigen Verfassung ist durch eine gefahrvolle Asymmetrie gekennzeichnet. Die Finanzbehörden der entwickelten Länder haben das Sagen und sie werden alles Nötige tun, um das System vor einem Kollaps zu bewahren. Allerdings kümmern sie sich weniger um das Schicksal von Ländern an der Peripherie. Infolgedessen bietet das System diesen Ländern weniger Stabilität und Schutz als den Ländern im Zentrum. Diese Asymmetrie – die in dem Vetorecht festgeschrieben ist, das die Vereinigten Staaten beim Internationalen Währungsfonds genießen – erklärt, warum die Vereinigten Staaten im letzten Vierteljahrhundert ein stetig wachsendes Leistungsbilanzdefizit fahren konnten. Der sogenannte Konsens von Washington hat anderen Ländern eine strenge Marktdisziplin auferlegt, aber die Vereinigten Staaten waren davon ausgenommen.

Die Krise der Schwellenländer hat 1997 Länder an der Peripherie wie Indonesien, Brasilien, Südkorea und Russland verheert, aber die Vereinigten Staaten unversehrt gelassen. In ihrer Folge haben viele

Länder der Peripherie eine solide makroökonomische Politik betrieben, wieder große Kapitalströme angelockt und in den letzten Jahren ein schnelles Wirtschaftswachstum genossen. Dann kam die Finanzkrise, die ihren Ursprung in den Vereinigten Staaten hatte. Bis vor Kurzem blieben Länder an der Peripherie wie Brasilien davon weitgehend unbehelligt und haben von dem Rohstoffboom sogar profitiert. Doch nach dem Bankrott von Lehman Brothers erlitt das Finanzsystem einen vorübergehenden Herzstillstand und die Behörden in den Vereinigten Staaten sowie in Europa griffen auf verzweifelte Maßnahmen zurück, um es wiederzubeleben. Im Endeffekt beschlossen sie, dass sie keine große Finanzinstitution mehr würden bankrottgehen lassen, und außerdem gaben sie Einlegern Bürgschaften gegen Verluste. Dies hatte unbeabsichtigte nachteilige Auswirkungen auf die Peripherieländer und die Behörden wurden davon unvorbereitet getroffen. In den letzten Tagen fand eine allgemeine Flucht in die Sicherheit von der Peripherie zurück ins Zentrum statt. Manche Währungen sind gegenüber dem Dollar und dem Yen gefallen, einige von ihnen sehr steil. Die Zinsen und die Kreditausfallprämien sind gestiegen und die Aktienmärkte sind eingebrochen. Die Nachschussforderungen haben sich vervielfacht, sie greifen jetzt auf die Aktienmärkte in den Vereinigten Staaten und Europa über und beschwören das Gespenst einer erneuten Panik herauf.

Der IWF diskutiert eine neue Kreditfazilität für Länder an der Peripherie, die sich von den an Bedingungen geknüpften Kreditlinien unterscheidet, die nie genutzt wurden, weil die Bedingungen zu hart waren. Die neue Fazilität würde keine Bedingungen mit sich bringen und Länder mit solider Wirtschaftspolitik nicht stigmatisieren. Zusätzlich ist der IWF bereit, weniger qualifizierten Ländern Kredite zu gewähren, die an Bedingungen geknüpft sind. Island und die Ukraine haben bereits unterzeichnet, das nächste Land ist Ungarn.

Dieser Ansatz ist zwar richtig, aber das ist zu wenig und kommt zu spät. Der Höchstbetrag, den man über diese Fazilität beziehen kann, beläuft sich auf das Fünffache der Quote des betreffenden Landes. Im Falle Brasiliens wären das beispielsweise 15 Milliarden Dollar, was im Vergleich zu den Devisenreserven Brasiliens in Höhe von 200 Milliarden Dollar ein Taschengeld ist. Um die Märkte zu beruhigen, ist ein viel größeres und flexibleres Paket nötig. Die Notenbanken im Zentrum sollten umfangreiche Swaplinien mit den Notenbanken qualifizierter Länder in der Peripherie eröffnen. Länder mit großen Devisenreserven wie China, Japan, Abu Dhabi und Saudi-Arabien sollten einen zusätzlichen Fonds bereitstellen, der flexibler verteilt werden könnte. Außerdem besteht dringender Bedarf an kurzfristigen und längerfristigen Krediten, die Länder mit soliden steuerlichen Verhältnissen in die Lage versetzen könnten, eine keynesianische antizyklische Politik zu betreiben. Das Gespenst einer weltweiten Depression kann nur durch die Anregung der Binnennachfrage vertrieben werden.

Leider hinken die Behörden immer hinter den Ereignissen hinterher und deshalb läuft die Finanzkrise aus dem Ruder. Sie hat bereits die Golfstaaten umzingelt und möglicherweise haben Saudi-Arabien und Abu Dhabi mit ihrer eigenen Region schon zu viele Sorgen, als dass sie Beiträge zu einem globalen Fonds leisten könnten. Es wird Zeit, über die Einführung von Sonderziehungsrechten oder einer anderen Form internationaler Reserven im großen Stil nachzudenken, aber dies unterliegt dem amerikanischen Veto.

Präsident Bush hat zwar für den 15. November einen G-20-Gipfel anberaumt. Eine solche Veranstaltung bringt jedoch nicht viel, wenn es die Vereinigten Staaten mit der Unterstützung einer globalen Rettungsanstrengung nicht ernst meinen. Wenn die Vereinigten Staaten ihren Führungsanspruch nicht verwirken wollen, müssen sie beim Schutz der peripheren Länder vor einem Sturm, der seinen Ursprung in den Vereinigten Staaten hatte, den Weg aufzeigen. Auch wenn Bush diese Ansicht nicht teilt, ist zwar zu hoffen, dass der nächste Präsident das tut, aber bis dahin wird der Schaden schon viel größer sein.

TEIL II

2009: Die richtige und die falsche Finanzreform

Die richtige und die falsche Art der Bankenrettung

Financial Times, 22. Januar 2009

Laut Berichten aus Washington steht die Obama-Administration möglicherweise kurz davor, bis zu 100 Milliarden Dollar der zweiten Tranche des TARP für die Schaffung einer „Aggregator Bank" zu verwenden, die toxische Wertpapiere aus den Bankbilanzen entfernt. Laut dem Plan würde dieser Betrag mithilfe der Bilanz der Federal Reserve um den Faktor 10 gehebelt, sodass das Bankensystem um faule Anlagen im Wert von bis zu 1.000 Milliarden Dollar (770 Milliarden Euro, 726 Milliarden Britische Pfund) befreit werden könnte.

Zwar ist über die Details noch nicht entschieden, aber dieser Ansatz greift auf jenen zurück, den der ehemalige US-Finanzminister Hank Paulson ursprünglich angewendet, dann aber wieder aufgegeben hat. Der Vorschlag ist mit den gleichen Mängeln behaftet: Die toxischen Wertpapiere sind definitionsgemäß schwierig zu bewerten. Die Einführung eines schwergewichtigen Käufers würde nicht der Preisfindung dienen, sondern Preisverzerrung zur Folge haben.

Zudem sind die betreffenden Wertpapiere nicht homogen und das bedeutet, dass aufgrund der negativen Risikoauslese selbst bei einem

Auktionsverfahren für die Aggregator Bank die schlechtesten Anlagen übrig bleiben würden. Sogar bei künstlich aufgeblähten Preisen könnten es sich die meisten Banken nicht leisten, ihre Restportfolios gemäß dem aktuellen Marktwert zu bewerten, und deshalb bräuchten sie eine zusätzliche Entlastung. Die wahrscheinlichste Lösung besteht darin, ihre Portfolios innerhalb eines gewissen Rahmens zu schützen. Dabei würde die Federal Reserve Verluste auffangen, die über eine bestimmte Grenze hinausgehen.

Falls diese Maßnahmen wirklich umgesetzt würden, wären sie eine künstliche Lebenserhaltung für die Banken auf hohe Kosten des Steuerzahlers, würden aber die Banken nicht in die Lage versetzen, wieder zu wettbewerbsfähigen Zinsen Darlehen zu vergeben. Die Banken bräuchten dann nämlich für längere Zeit satte Gewinnspannen und steile Zinskurven, um ihr Eigenkapital wieder aufzubauen.

Meiner Ansicht nach würde ein Plan von Kapitalspritzen, die sich an realistischen Bewertungen orientieren, gefolgt von einer Senkung der Mindestkapital-Anforderungen an die Banken, einen viel effizienteren Beitrag zur Wiederankurbelung der Wirtschaft leisten. Der Nachteil wäre, dass dafür mehr als 1.000 Milliarden Dollar an neuem Kapital nötig wären. Dazu würde in Fällen, in denen es angebracht ist, auch eine Good-Bank-/Bad-Bank-Lösung gehören. Dies würde die Positionen der bisherigen Aktionäre massiv verwässern und die Gefahr mit sich bringen, dass die Mehrheit des Eigenkapitals von Banken in staatliche Hand gerät.

Die Obama-Administration steht also vor der schwierigen Entscheidung, ob sie die Banken teilweise verstaatlichen oder aber sie in privater Hand lassen und nur ihre toxischen Anlagen verstaatlichen soll.

Wenn sie den ersten Weg wählen würde, dann würde sie einem breiten Segment der Bevölkerung sehr weh tun – nicht nur den Bankaktionären, sondern auch den Anspruchsberechtigten von Pensionsfonds. Allerdings würde das die Atmosphäre reinigen und die Wirtschaft ankurbeln.

Der zweite Weg würde zwar die schmerzlichen wirtschaftlichen Realitäten weder anerkennen noch bewältigen, aber die Banken in die gleiche Zwickmühle bringen, als die sich der Untergang der staatsnahen Unternehmen Fannie Mae und Freddie Mac entpuppt hat. Das allgemeine Interesse würde zwar diktieren, dass die Banken wieder zu attraktiven Bedingungen Darlehen vergeben. Die Kreditvergabe müsste aber durch ein staatliches Diktat erzwungen werden, weil das Eigeninteresse der Banken sie veranlassen würde, sich auf die Bewahrung und die Wiederaufstockung ihres Eigenkapitals zu konzentrieren.

Die politischen Realitäten drängen die Regierung Obama in letztere Richtung. Sie kann nicht zum Kongress gehen und um die Genehmigung bitten, weitere 1.000 Milliarden Dollar für die Rekapitalisierung der Banken auszugeben. Schließlich hat Paulson diesen Brunnen dadurch vergiftet, dass er um Geld gebeten und es dann für das TARP ausgegeben hat. Schon die zweite Tranche des TARP – die restlichen 350 Milliarden Dollar – konnten im Kongress nur durch geschickte Manöver losgeeist werden. Genau das veranlasst das Kabinett Obama zu der Erwägung, 100 Milliarden Dollar von dieser Tranche für die Lösung mit der „Aggregator Bank" zu verwenden.

Der Aktienmarkt dringt auf eine baldige Entscheidung, indem er die Finanz-Aktien unter Druck setzt. Aber die neue Führungsmannschaft sollte möglichst nicht die Fehler der alten wiederholen und ein Programm ankündigen, bevor es gründlich durchdacht wurde. Die Wahl zwischen den beiden Wegen ist folgenschwer: Ist sie getroffen, wird sie unumkehrbar. Sie sollte sich auf eine sorgfältige Beurteilung der Alternativen gründen.

Präsident Barack Obama kann sein Versprechen eines mutigen neuen Ansatzes nur erfüllen, wenn er die Kontinuität zur vorherigen Führungsmannschaft unterbricht. Das Gefühl des Kongresses und der Öffentlichkeit, es sei zu viel für die Banken und zu wenig für die strapazierten Haushalte getan worden, ist berechtigt. Der Staat sollte die staatsnahen Unternehmen aus der Vorhölle herausholen und sie aktiver zur Stabilisierung des Häusermarktes einsetzen. Wenn er das getan hat, sollte er sich wieder wegen einer Genehmigung für die richtige Art der Rekapitalisierung der Banken an den Kongress wenden.

DIE VERSORGUNG DER PERIPHERIE SOLLTE DAS HAUPTANLIEGEN SEIN

Financial Times, 22. März 2009

Das bevorstehende Treffen der G-20 ist eine Veranstaltung, bei der es um alles oder nichts geht. Wenn sie keine praktischen Maßnahmen zur Stützung der weniger entwickelten Länder, die noch verwundbarer sind als die entwickelten, vorschlägt, werden die Märkte wieder genauso an Fallsucht leiden wie im vergangenen Monat, als Finanzminister Tim Geithner keine praktischen Maßnahmen zur Rekapitalisierung des US-Bankensystems vorlegte.

Die jetzige Krise ist anders als alle anderen seit dem Zweiten Weltkrieg. Früher haben sich die Verantwortlichen am Riemen gerissen und verhindert, dass das Finanzsystem zusammenbricht. Diesmal ist das System nach der Pleite von Lehman Brothers zusammengebrochen und wurde dann künstlich am Leben gehalten. Unter anderem haben Europa und die Vereinigten Staaten im Endeffekt garantiert, dass sie keine weitere bedeutende Finanzinstitution mehr würden pleitegehen lassen.

Dieser notwendige Schritt hatte unbeabsichtigte nachteilige Folgen: Viele andere Länder in Osteuropa, Lateinamerika, Afrika und

Südostasien konnten keine vergleichbaren Garantien anbieten. Infolgedessen fand eine Kapitalflucht von der Peripherie ins Zentrum statt. Dieser Flucht leisteten staatliche Finanzbehörden im Zentrum noch Vorschub, indem sie Banken ermunterten, ihr Kapital zurückzuführen. In den Peripherieländern fielen die Währungen, während die allgemeinen Zinsen und die Zinsen der Credit Default Swaps stiegen. Die späteren Geschichtsbücher werden verzeichnen, dass – im Gegensatz zur Großen Depression – der Protektionismus zuerst im Finanzwesen die Oberhand gewann, nicht im Handel.

Institutionen wie der Internationale Währungsfonds stehen vor einer neuartigen Aufgabe: die Peripherieländer vor einem Sturm schützen, der von der entwickelten Welt erzeugt wurde. Die globalen Institutionen sind es gewohnt, mit Staaten zu arbeiten, aber jetzt müssen sie den Zusammenbruch des privatwirtschaftlichen Sektors bewältigen. Wenn ihnen das nicht gelingt, leiden die Volkswirtschaften an der Peripherie darunter noch stärker als die im Zentrum, weil sie ärmer und mehr von Rohstoffen abhängig sind als die entwickelte Welt. Außerdem sind sie damit konfrontiert, dass im Jahr 2009 Bankdarlehen in Höhe von 1.440 Milliarden Dollar (1.060 Milliarden Euro, 994 Milliarden Britische Pfund) fällig werden. Ohne internationale Hilfe können diese Darlehen nicht verlängert werden.

Der britische Premierminister Gordon Brown hat dieses Problem erkannt und erreicht, dass sich der G-20-Gipfel damit befasst. Dabei sind jedoch tief greifende Unterschiede in der Haltung zutage getreten, vor allem zwischen den Vereinigten Staaten und Deutschland. Die Vereinigten Staaten haben erkannt, dass der Zusammenbruch des Kredits im Privatsektor nur unter vollem Einsatz der staatlichen Kreditwürdigkeit repariert werden kann. Da Deutschland durch die Erinnerung an die Hyperinflation der 1920er-Jahre traumatisiert ist, möchte es ungern durch zu hohe Schulden den Keim zu künftiger Inflation legen. Beide beharren auf ihrer Position. Diese Kontroverse droht, das Treffen zu sprengen.

Es sollte jedoch möglich sein, eine gemeinsame Basis zu finden. Anstatt ein allgemeines Ziel von zwei Prozent des Bruttoinlandsprodukts für die Konjunkturpakete festzulegen, würde eine Einigung darauf ausreichen, dass die Peripherieländer zum Schutz ihrer Finanzsysteme Hilfe benötigen. Das liegt im gemeinsamen Interesse. Wenn man zulässt, dass die Volkswirtschaften der Peripherie zusammenbrechen, schädigt das auch die entwickelten Länder.

Nach dem aktuellen Stand wird das G-20-Treffen konkrete Ergebnisse bringen: Die Mittelausstattung des IWF wird wahrscheinlich verdoppelt, und zwar hauptsächlich über den Mechanismus der sogenannten Neuen Kreditvereinbarungen (NAB = New Arrangements to Borrow). Dieser kann auch aktiviert werden, ohne dass die leidige Frage der Neuaufteilung der Stimmrechte geklärt ist.

Das wird zwar ausreichen, damit der IWF bestimmten gefährdeten Ländern helfen kann, aber es stellt keine systemische Lösung für die weniger entwickelten Länder dar. Eine solche Lösung steht allerdings in Form der Sonderziehungsrechte schon bereit. Die SZR sind zwar komplex, aber im Grunde handelt es sich dabei um eine internationale Geldschöpfung. Länder, die selbst Geld schöpfen können, brauchen sie nicht, aber die Länder der Peripherie schon. Deshalb sollten die reichen Länder den bedürftigen Ländern ihre Zuteilungen leihen.

Die Nehmerländer würden dem IWF sehr niedrige Zinsen dafür bezahlen, entsprechend dem Durchschnitt der kurzfristigen Staatsanleihen aller konvertierbaren Währungen. Über ihre eigenen Zuteilungen könnten sie frei verfügen, aber die Verwendung der geliehenen Zuteilungen würde unter Aufsicht gestellt, um zu gewährleisten, dass sie sinnvoll ausgegeben werden.

Zusätzlich zur einmaligen Erhöhung der IWF-Mittel sollte es für die Dauer der Rezession eine alljährliche Ausgabe von SZR in Höhe von beispielsweise 250 Milliarden Dollar geben. Zwar ist es zu spät, diese Vereinbarung noch auf dem G-20-Gipfel am 2. April zu treffen. Wenn aber Präsident Barack Obama dies anregen würde und andere es unterstützen würden, wäre das schon ausreichend, damit die Märkte Mut schöpfen und den Gipfel in einen durchschlagenden Erfolg verwandeln.

Eine Möglichkeit, Baisse-Manöver zu stoppen

Wall Street Journal, 23. März 2009

In dem ganzen Tumult um AIG wurde die wichtigste Lektion übersehen. AIG ging fast pleite, weil es große Mengen an Credit Default Swaps (CDS) verkauft hatte, ohne seine Positionen angemessen auszugleichen oder zu decken. Daraus sollten wir lernen, dass CDS toxische Instrumente sind, deren Gebrauch streng reguliert werden sollte: Man sollte sie nur kaufen dürfen, wenn man die Anleihen besitzt, die ihnen zugrunde liegen. Die Einführung dieser Vorschrift würde eine zerstörerische Kraft zügeln und den Preis dieser Swaps senken. Außerdem würde das US-Finanzministerium damit viel Geld sparen, weil dadurch der Verlust auf die noch ausstehenden Positionen von AIG sinken würde, ohne dass dafür Kontrakte aufgelöst werden müssten.

Entstanden sind die CDS als Möglichkeit, Anleihen gegen Zahlungsausfall zu versichern. Da es handelbare Instrumente sind, wurden sie zu Baisse-Optionsscheinen, mit denen man darauf spekulieren kann, dass sich der Zustand eines Unternehmens oder eines Landes verschlechtert. Toxisch sind sie, weil solche Spekulationen selbsterfüllend werden können.

Bis zum Crash 2008 besagte die herrschende Ansicht – unter dem Namen „Theorie der Markteffizienz" –, die Preise von Finanzinstrumenten würden alle verfügbaren Informationen (also die zugrunde liegende Wirklichkeit) exakt widerspiegeln. Das stimmt aber nicht. Die Finanzmärkte haben es nicht mit der gegenwärtigen Wirklichkeit zu tun, sondern mit der Zukunft – und die ist eine Frage der Voraussage, keine Frage des Wissens.

Deshalb müssen wir die Finanzmärkte mittels eines neuen Paradigmas verstehen, welches anerkennt, dass sie immer eine verzerrte Sicht der Zukunft liefern und dass sich preisliche Verzerrungen an den Finanzmärkten auf die zugrunde liegende Wirklichkeit auswirken können, die diese Preise angeblich widerspiegeln. (Ich bezeichne diesen Rückkopplungsmechanismus als „Reflexivität".)

Man kann den Giftcharakter der CDS anhand dieses neuen Paradigmas in einer Argumentation in drei Schritten demonstrieren. Der erste Schritt ist die Erkenntnis, dass am Aktienmarkt ein asymmetrisches Chance-Risiko-Profil zwischen Kaufen (long) und Leerverkaufen (short) besteht. Wenn man mit einer Long-Position Verlust macht, sinkt das eingegangene Risiko, aber wenn man mit einer Short-Position Verlust macht, steigt es. Infolgedessen kann man geduldiger warten, wenn man long steht und falschliegt, als wenn man short steht und falschliegt. Diese Asymmetrie spricht gegen das Shorten.

Der zweite Schritt ist die Erkenntnis, dass der CDS-Markt eine bequeme Möglichkeit darstellt, Anleihen zu shorten, dass aber hier die Chance-Risiko-Asymmetrie umgekehrt verläuft. Wenn man durch den Kauf eines CDS-Kontrakts Anleihen shortet, bringt das ein begrenztes Risiko, aber fast unbegrenztes Gewinnpotenzial mit sich. Im Gegensatz dazu bringt der Verkauf von CDS begrenzte Gewinne, aber praktisch unbegrenzte Risiken mit sich. Diese Asymmetrie spricht für Spekulationen auf der Short-Seite, die nun aber Abwärtsdruck auf die zugrunde liegenden Anleihen ausüben. Dieser negative Effekt wird noch dadurch verstärkt, dass CDS handelbar sind und darum ihre Preisbildung ähnlich wie bei verbrieften, jederzeit verkäuflichen Optionsscheinen erfolgt und nicht wie bei Optionen, für deren Ausübung ein tatsächlicher Zahlungsausfall notwendig wäre. Die Menschen kaufen sie also nicht, weil sie wirklich mit einem Zahlungsausfall rechnen, sondern weil sie erwarten, dass der Preis der CDS als Reaktion auf ungünstige Entwicklungen steigt. AIG dachte, es würde Versicherungen auf Anleihen verkaufen, und hielt daher die CDS für enorm überteuert. In Wirklichkeit verkaufte es jedoch Baisse-Optionsscheine und unterschätzte dabei massiv das Risiko.

Der dritte Schritt ist die Erkenntnis der Reflexivität, was bedeutet, dass sich die Fehlpreisung von Finanzinstrumenten auf die Fundamentaldaten auswirken kann, welche die Marktpreise angeblich widerspiegeln. Nirgends ist dieses Phänomen so ausgeprägt wie bei den Finanzinstituten, bei denen es ja sehr vom Vertrauen abhängig ist, ob sie Geschäfte machen können. Ein Rückgang ihrer Aktien- und Anleihekurse kann ihre Finanzierungskosten erhöhen. Das bedeutet, dass Baisse-Manöver, die auf Finanzinstitutionen abzielen, selbsterfüllend sein können.

Nimmt man diese drei Überlegungen zusammen, wird klar, dass AIG, Bear Stearns, Lehman Brothers und andere Unternehmen von Baisse-Manövern vernichtet wurden, wobei die Aktien-Leerverkäufe und die CDS-Käufe einander gegenseitig verstärkten und aufschaukelten. Das unbegrenzte Shorten von Aktien wurde durch die Abschaffung der Uptick-Regel möglich gemacht. Diese hätte Baisse-Manöver dadurch verhindert, dass Leerverkäufe nur bei steigenden Preisen erlaubt gewesen wären. Das unbegrenzte Shorten von Anleihen wurde durch den CDS-Markt ermöglicht beziehungsweise erleichtert. Die beiden bildeten eine tödliche Kombination. Und AIG hatte das nicht begriffen.

Viele argumentieren jetzt, CDS sollten an geregelten Börsen gehandelt werden. Ich bin aber überzeugt, dass sie toxisch sind und ihr Einsatz nur erlaubt sein sollte, wenn man die entsprechenden Anleihen besitzt – nicht wenn man gegen Länder oder Unternehmen spekulieren will. Wenn diese Regel gelten würde – für die internationale Vereinbarungen und Bundesgesetze notwendig wären –, würde der Kaufdruck auf CDS bedeutend abnehmen und die Preise aller umlaufenden CDS würden sinken. Das hätte den angenehmen Nebeneffekt, dass das US-Finanzministerium bei seinem AIG-Engagement viel Geld sparen würde.

DIE DREI SCHRITTE ZUR FINANZREFORM

Financial Times, 16. Juni 2009

Es wird erwartet, dass die Obama-Administration heute einen Vorschlag macht, wie wir die Finanzmärkte regulieren sollen. Ich bin kein Verfechter von zu viel Regulierung. Nachdem wir mit der Deregulierung zu weit gegangen sind – was zu der aktuellen Krise beigetragen hat –, müssen wir der Versuchung widerstehen, in der entgegengesetzten Richtung zu weit zu gehen. Zwar sind die Märkte unvollkommen, aber für die Regulierer gilt das umso mehr. Sie sind nicht nur menschlich, sondern auch bürokratisch, und sie unterliegen politischen Einflüssen, und deshalb sollten die Regulierungen auf ein Mindestmaß beschränkt werden.

Die Reform sollte von drei Prinzipien geleitet sein. Da die Märkte für Blasen anfällig sind, müssen die Regulierer als Erstes die Verantwortung dafür übernehmen, zu verhindern, dass Blasen zu groß werden. Alan Greenspan, der ehemalige Vorsitzende der Federal Reserve, und andere haben diese Verantwortung ausdrücklich abgelehnt. Wenn die Märkte Blasen nicht erkennen, so argumentierten sie, können Regulierer das auch nicht. Damit hatten sie zwar recht, aber die Behörden müssen diesen Auftrag auch in dem Wissen annehmen, dass sie sich zwangsläufig irren. Allerdings werden sie den Vorteil haben, dass sie Feedback von den Märkten bekommen, sodass sie ständig nachbessern können und müssen, um ihre Fehler zu korrigieren.

Zweitens reicht es für die Kontrolle von Vermögenswertblasen nicht aus, die Geldmenge zu kontrollieren. Wir müssen auch die Verfügbarkeit von Kredit kontrollieren. Allein mit geldpolitischen Instrumenten geht das nicht — wir müssen auch Kreditkontrollen wie Margin-Anforderungen und Mindestkapital-Anforderungen einsetzen. Diese werden momentan tendenziell ungeachtet der Marktstimmung festgelegt. Es gehört aber zur Aufgabe der Behörden, diesen Stimmungen entgegenzuwirken. Margin- und Mindestkapital-Anforderungen sollten an die Marktbedingungen angepasst werden. Die Regulierer sollten zum Zweck der Risikogewichtung das Darlehens-Wert-Verhältnis von gewerblichen und privaten Hypothekendarlehen variieren, um Immobilienblasen zu verhindern.

Drittens müssen wir die Bedeutung des Marktrisikos neu definieren. Die Theorie der Markteffizienz postuliert, dass Märkte einem Gleichgewicht zustreben und dass Abweichungen nach dem Zufallsprinzip auftreten. Außerdem funktionieren die Märkte angeblich ohne jegliche Diskontinuität in der Abfolge der Preise. Unter diesen Bedingungen kann man die Marktrisiken mit den Risiken gleichsetzen, von denen die einzelnen Marktteilnehmer betroffen sind. Solange sie ihre Risiken richtig managen, sollten die Regulierer glücklich sein.

Die Theorie der Markteffizienz ist jedoch wirklichkeitsfremd. Die Märkte sind Ungleichgewichten unterworfen, die die einzelnen Marktteilnehmer vielleicht ignorieren, wenn sie meinen, sie könnten ihre Positionen liquidieren. Die Regulierer dürfen solche Ungleichgewichte aber nicht ignorieren. Wenn zu viele Teilnehmer auf der gleichen Seite stehen, können die Positionen nicht liquidiert werden, ohne dass dadurch eine Diskontinuität oder — noch schlimmer — ein Kollaps verursacht wird. In diesem Fall müssen die Behörden vielleicht zu Hilfe kommen. Das bedeutet, dass zusätzlich zu den Risiken, die die meisten Marktteilnehmer vor der Krise wahrgenommen haben, noch ein systemisches Risiko besteht.

Die Verbriefung von Hypothekendarlehen hat dem Systemrisiko eine neue Dimension hinzugefügt. Die Finanzingenieure behaupteten, sie würden Risiken durch geografische Diversifizierung reduzieren: In Wirklichkeit erhöhten sie sie jedoch, weil sie dadurch ein Agenturproblem schufen. Die Agenten waren mehr daran interessiert, ihre Gebühreneinnahmen zu maximieren, als die Interessen der Anleiheinhaber zu wahren. Das ist die Wahrheit, die von Regulierern und Marktteilnehmern gleichermaßen ignoriert wurde.

Um eine Wiederholung zu vermeiden, müssen die Agenten so beteiligt sein, dass für sie etwas auf dem Spiel steht. Die von der Regierung vorgeschlagenen fünf Prozent sind aber eher symbolisch als substanziell. Ich würde zehn Prozent als Mindestanforderung in Betracht ziehen. Um mögliche Diskontinuitäten von marktfähigen Papieren im Besitz von Banken zu berücksichtigen, sollten sie eine höhere Risikoeinstufung bekommen als nach dem Baseler Abkommen. Die Banken sollten dadurch für die implizite Bürgschaft bezahlen, die sie genießen, dass sie weniger Leverage einsetzen und Beschränkungen bezüglich der Art und Weise hinnehmen, wie sie das Geld ihrer Einleger anlegen. Sie sollten nicht auf eigene Rechnung mit dem Geld anderer Leute spekulieren dürfen.

Wahrscheinlich ist es unmöglich, die Investmentbanken von den Geschäftsbanken zu trennen, wie es der Glass Steagall Act ab 1933 in den Vereinigten Staaten tat. Aber es muss eine interne Mauer geben, die den Eigenhandel vom Bankgeschäft scheidet. Der Eigenhandel sollte aus dem Eigenkapital der Bank finanziert werden. Wenn eine Bank „too big to fail" ist, müssen die Regulierer mit dem Schutz ihres Kapitals vor übermäßigen Risiken sogar noch weiter gehen. Sie müssen die Vergütungspakete der Eigenhändler so regulieren, dass Risiken und Belohnungen im rechten Verhältnis stehen. Das mag den Eigenhandel aus den Banken heraus in die Hedgefonds treiben. Dort gehört er eigentlich auch hin. Auch Hedgefonds und andere Großinvestoren müssen genau beaufsichtigt werden, um sicherzustellen, dass sie keine gefährlichen Ungleichgewichte aufbauen.

Und schließlich habe ich eindeutige Ansichten über die Regulierung von Derivaten. Die vorherrschende Meinung besagt, dass sie an geregelten Börsen gehandelt werden sollten. Das reicht aber nicht. Die Emission von und der Handel mit Derivaten sollten genauso streng reguliert sein wie bei Aktien. Die Regulierer sollten darauf bestehen, dass Derivate homogen, standardisiert und transparent sind.

Maßgeschneiderte Derivate dienen nur dazu, die Gewinnmarge der Finanzingenieure zu steigern, die sie konstruieren. Tatsächlich sollten manche Derivate überhaupt nicht gehandelt werden. Ich denke dabei an die Credit Default Swaps. Betrachten sie die kürzlichen Bankrotte von AbitibiBowater und General Motors. In beiden Fällen besaßen einige Anleihebesitzer CDS und hatten durch den Bankrott mehr zu gewinnen als durch die Sanierung. Das ist, als würde man eine Lebensversicherung über das Leben eines anderen abschließen und besäße die Lizenz, ihn zu töten. CDS sind Vernichtungsinstrumente, die geächtet werden sollten.

DIE NOTWENDIGKEIT EINER FINANZ-REFORM NICHT IGNORIEREN!

Financial Times, 25. Oktober 2009

Die Philosophie, die mir geholfen hat, als Hedgefonds-Manager Geld zu verdienen und es als politisch orientierter Philanthrop auszugeben, hat nichts mit Geld zu tun, sondern mit der komplizierten Beziehung zwischen Denken und Wirklichkeit. Der Crash 2008 hat mich zu der Überzeugung gebracht, dass sie einen wertvollen Einblick in die Funktionsweise der Finanzmärkte liefert.

Die Theorie der Markteffizienz behauptet, Finanzmärkte würden einem Gleichgewicht zustreben und alle vorhandenen Informationen über die Zukunft exakt widerspiegeln. Abweichungen vom Gleichgewicht würden durch äußere Schocks verursacht und sie würden in zufälliger Weise auftreten. Der Crash 2008 hat diese Theorie falsifiziert.

Ich behaupte, dass die Finanzmärkte immer ein verzerrtes Bild der Wirklichkeit darstellen. Überdies kann sich die Fehlpreisung von Vermögenswerten auf die sogenannten Fundamentaldaten auswirken, welche diese Vermögenswerte angeblich widerspiegeln. Das ist das Prinzip der Reflexivität.

Anstatt der Tendenz zum Gleichgewicht haben die Finanzmärkte eine Tendenz zur Entwicklung von Blasen. Blasen sind nicht irrational: Es lohnt sich, mit der Meute zu laufen, jedenfalls für eine gewisse Zeit. Deshalb können die Regulierer nicht darauf zählen, dass der Markt seine Exzesse selbst korrigiert.

Der Crash 2008 wurde durch den Kollaps einer Super-Blase verursacht, die seit 1980 im Wachsen begriffen war. Sie setzte sich aus kleineren Blasen zusammen. Jedes Mal, wenn eine Finanzkrise auftrat, schritten die Behörden ein, kümmerten sich um bankrotte Institutionen, erhöhten die Geldmenge und legten Konjunkturpakete auf, wodurch sie die Blase noch weiter aufblähten.

Ich glaube, dass meine Analyse der Super-Blase Hinweise für die Reform liefert, die nötig ist. Da die Märkte zu Blasen neigen, müssten die offiziellen Stellen zunächst einmal Verantwortung dafür übernehmen, zu verhindern, dass die Blasen zu groß werden. Alan Greenspan und andere haben sich geweigert, dies zu akzeptieren. Wenn die Märkte Blasen nicht erkennen können, so behauptete der frühere Vorsitzende der US Federal Reserve, können die Regulierer das auch nicht – und damit hatte er recht. Trotzdem müssen die Behörden die Herausforderung annehmen.

Zweitens reicht es, wenn man Vermögenswertblasen unter Kontrolle bringen will, nicht aus, die Geldmenge zu kontrollieren. Man muss dafür auch das Kreditaufkommen kontrollieren. Die besten bekannten Mittel dafür sind die Margin-Anforderungen und die Mindestkapital-Anforderungen. Derzeit sind diese unabhängig von der Stimmungslage des Marktes festgelegt, weil die Märkte angeblich keinen Launen unterliegen. Die haben sie aber durchaus und die Behörden müssen ihnen entgegenwirken, um zu verhindern, dass Vermögenswertblasen zu groß werden. Deshalb müssen sie die Margin- und Kapitalanforderungen variieren. Außerdem müssen sie das Beleihungsverhältnis bei Geschäftskrediten und Wohnraumkrediten variieren, um Immobilienblasen zu verhindern.

Eventuell müssen die Regulierer auch neue Werkzeuge erfinden oder alte wieder aufleben lassen, die außer Gebrauch gekommen sind.

Früher haben Notenbanken die Geschäftsbanken angehalten, die Kreditvergabe an einen Sektor einzuschränken, wenn sie das Gefühl hatten, er würde sich überhitzen.

Ein weiteres Beispiel dafür, dass neue Werkzeuge gebraucht werden, ist der Internetboom. Eigentlich erkannte Greenspan ihn, als er 1996 von „irrationalem Überschwang" sprach. Er tat aber nichts, um ihn abzuwenden, weil er meinte, die Senkung der Geldmenge sei ein zu grobes Werkzeug. Er hätte sich aber auch spezifischere Maßnahmen ausdenken können. Zum Beispiel hätte er die Securities and Exchange Commission bitten können, die Aktien-Neuemissionen einzufrieren, denn der Internetboom wurde von der Ausnutzung der Kapitalbeschaffung gespeist.

Da die Märkte instabil sind, gibt es drittens neben den Risiken, die einzelne Marktteilnehmer betreffen, noch systemische Risiken. Die Teilnehmer ignorieren diese systemischen Risiken möglicherweise und meinen, sie könnten ihre Positionen jederzeit verkaufen. Die Regulierer dürfen sie jedoch nicht ignorieren, denn wenn zu viele Marktteilnehmer auf der gleichen Seite stehen, können die Positionen nicht liquidiert werden, ohne dass es zu Diskontinuitäten oder zu einem Kollaps kommt. Das bedeutet, dass die Positionen aller großen Marktteilnehmer einschließlich Hedgefonds und Staatsfonds überwacht werden müssen, damit man Ungleichgewichte bemerkt. Gewisse Derivate, zum Beispiel Credit Default Swaps, neigen dazu, versteckte Ungleichgewichte zu erzeugen, und deshalb müssen sie reguliert, beschränkt oder verboten werden.

Viertens entwickeln sich Finanzmärkte unumkehrbar nur in eine Richtung. Die Finanzbehörden haben allen Institutionen, die zu groß sind, um sie bankrottgehen zu lassen – „too big to fail" –, eine implizite Bürgschaft gegeben. Eine Rücknahme dieser Bürgschaft ist unglaubhaft, und deshalb müssen sie ihnen Regulierungen verordnen, um dafür zu sorgen, dass diese Bürgschaft nicht in Anspruch genommen wird. Solche Institutionen müssen weniger Hebel einsetzen und Beschränkungen dafür akzeptieren, wie sie das Geld ihrer Einleger anlegen. Der Eigenhandel solle aus dem Eigenkapital der

Banken finanziert werden, nicht aus den Einlagen. Aber die Regulierer müssen mit dem Kapitalschutz noch weiter gehen und auch die Bezahlung der Eigenhändler regulieren, um zu gewährleisten, dass bei den „too big to fail"-Banken Risiken und Belohnungen im Einklang stehen. Dies treibt die Eigenhändler vielleicht aus den Banken heraus und in die Hedgefonds hinein, wo sie eigentlich hingehören.

Da die Banken untereinander verflochten sind und manche Banken ein Quasi-Monopol besitzen, müssen wir über ihre Zerschlagung nachdenken. Vielleicht ist die Trennung von Investmentbanken und Geschäftsbanken, wie sie der Glass Steagall Act von 1933 vorsah, ja unpraktisch. Es muss aber interne Schotts geben, die den Eigenhandel vom Bankgeschäft trennen und den Handel an verschiedenen Märkten voneinander abriegeln, um Ansteckungseffekte zu vermeiden.

Und schließlich machten die Baseler Abkommen einen Fehler, als sie Wertpapieren im Besitz von Banken deutlich niedrigere Risiko-Ratings gaben als normalen Darlehen: Sie ignorierten die systemischen Risiken, die mit konzentrierten Wertpapierpositionen verbunden sind. Dies war ein bedeutender Faktor, der die Krise verschlimmerte. Das muss dadurch behoben werden, dass die Risiko-Ratings von Wertpapieren in Bankbesitz angehoben werden. Dies wird möglicherweise die Verbriefung von Darlehen eindämmen.

All das vermindert die Profitabilität und die Fremdfinanzierung der Banken. Und dies wirft die Frage des Zeitpunkts auf. Jetzt ist nicht die rechte Zeit für die Umsetzung dauerhafter Reformen. Das Finanzsystem ist weit vom Gleichgewicht entfernt. Die kurzfristigen Erfordernisse sind das Gegenteil dessen, was langfristig notwendig ist. Zuerst muss der Kredit ersetzt werden, der sich in Luft aufgelöst hat, und zwar unter Rückgriff auf die einzige Quelle, die noch glaubwürdig ist – den Staat. Das bedeutet eine Erhöhung der Staatsverschuldung und eine Vergrößerung der Geldbasis. Wenn sich die Konjunktur stabilisiert, muss man diese Basis genauso schnell wieder verkleinern, wie der Kredit wieder auflebt – andernfalls wird die Inflation durch Deflation ersetzt.

Wir befinden uns immer noch in der ersten Phase dieses heiklen Manövers. Die Banken ziehen sich mit ihren Gewinnen aus dem Loch heraus, in das sie gefallen sind. Eine Beschneidung ihrer Profitabilität wäre jetzt kontraproduktiv. Die regulatorische Reform muss bis zur zweiten Phase warten, in der die Geldmenge unter Kontrolle gebracht werden muss. Das muss vorsichtig und stufenweise erfolgen, damit die Erholung dadurch nicht gestört wird. Aber wir können es uns nicht leisten, das zu vergessen.

TEIL III

2010: Die Krise wird global

DER EURO HAT NOCH GRÖSSERE PRÜFUNGEN ALS GRIECHENLAND VOR SICH

Financial Times, 22. Februar 2010

Otmar Issing, einer der Väter des Euros, formuliert das Prinzip, auf dem die gemeinsame Währung gegründet wurde, korrekt. Wie er letzte Woche in der *FT* schrieb, war der Euro als Währungsunion, nicht aber als politische Union gedacht. Die Teilnehmerstaaten richteten eine gemeinsame Notenbank ein, weigerten sich aber, das Recht zur Besteuerung ihrer Bürger einer gemeinsamen Behörde zu übertragen. Dieses Prinzip wurde im Maastricht-Vertrag verankert und wird seither vom deutschen Bundesverfassungsgericht strikt ausgelegt. Der Euro war eine einzigartige und ungewöhnliche Konstruktion, deren Tragfähigkeit jetzt eine Prüfung erlebt.

Diese Konstruktion ist offenkundig fehlerhaft. Eine vollwertige Währung erfordert sowohl eine Notenbank als auch ein Finanzministerium. Das Finanzministerium braucht nicht eingesetzt zu werden, um die Bürger regelmäßig zu besteuern, aber in Krisenzeiten muss es bereitstehen. Wenn die Gefahr besteht, dass das Finanzsystem kollabiert, kann die Notenbank zwar Liquidität bereitstellen, aber nur ein Finanzministerium kann Solvenzprobleme bewältigen. Das ist eine wohlbekannte Tatsache, die allen hätte klar sein müssen, die an der Schaffung des Euros beteiligt waren. Issing gibt zu, dass er zu denjenigen gehörte, die überzeugt waren, dass „man das Pferd von hinten aufzäumt, wenn man eine Währungsunion gründet, ohne eine politische Union eingerichtet zu haben".

Die Europäische Union wurde ins Leben gerufen, indem man das Pferd von hinten aufzäumte: Es wurden begrenzte, aber politisch erreichbare Ziele und Zeitpläne aufgestellt, und zwar in dem vollen Bewusstsein, dass sie nicht ausreichen würden und dass zu gegebener Zeit weitere Schritte notwendig sein würden. Doch aus diversen Gründen kam der Prozess nach und nach zum Stillstand. Die EU ist jetzt weitgehend in ihrer derzeitigen Gestalt eingefroren.

Das Gleiche gilt für den Euro. Der Crash 2008 offenbarte dessen Konstruktionsfehler, als die Mitglieder ihre Bankensysteme eigenständig retten mussten. Die griechische Schuldenkrise trieb die Angelegenheit auf die Spitze. Wenn die Mitglieder nicht die nächsten Schritte vorwärts gehen können, dann dürfte der Euro auseinanderbrechen.

Die ursprüngliche Konstruktion des Euros setzte voraus, dass sich die Mitglieder an die von Maastricht festgelegten Grenzen halten würden. Aber die vorherigen griechischen Regierungen hatten diese Grenzen in unerhörter Weise verletzt. Die Regierung von Giorgios Papandreou, die im vergangenen Oktober mit dem Auftrag gewählt wurde, reinen Tisch zu machen, enthüllte, dass sich das Haushaltsdefizit 2009 auf 12,7 Prozent belief, was sowohl die europäischen Behörden als auch die Märkte schockierte. Die europäischen Behörden akzeptierten einen Plan, der das Defizit nach und nach mit einer Anfangsrate von vier Prozent senken sollte, aber die Märkte ließen sich dadurch nicht beruhigen. Die Risikoprämie auf griechische Staatsanleihen beträgt weiterhin etwa drei Prozent und entzieht Griechenland viel von dem Nutzen der Euro-Mitgliedschaft. Wenn das so weitergeht, besteht die reale Gefahr, dass sich Griechenland möglicherweise nicht selbst aus seiner Notlage befreien kann, egal was es tut. Weitere Haushaltseinschnitte würden die Wirtschaftsaktivität weiter dämpfen, die Steuereinnahmen verringern und das Verhältnis Schulden/BIP verschlechtern.

Aufgrund dieser Gefahr wird die Risikoprämie ohne Hilfe von außen nicht zu ihrem vorherigen Stand zurückkehren.

Diese Situation wird noch durch den Markt für Credit Default Swaps verschärft, der zugunsten derjenigen verzerrt ist, die auf Bankrott spekulieren. Da sie mit CDS long stehen, sinkt automatisch das Risiko, wenn sie sich irren. Es ist umgekehrt wie beim Leerverkauf von Aktien, denn dabei wächst automatisch das Risiko, wenn man falschliegt. Die Spekulation mit CDS könnte die Risikoprämien weiter in die Höhe treiben.

In Anerkennung des Bedarfs verpflichtete sich die letzte Ecofin-Versammlung der EU-Finanzminister erstmals, „die Finanzstabilität in der gesamten Eurozone sicherzustellen". Aber sie haben dafür noch keinen Mechanismus gefunden, denn die derzeitigen institutionellen Arrangements bieten keinen – obwohl Artikel 123 des Lissabon-Vertrags eine rechtliche Grundlage dafür bildet. Die effektivste Lösung bestünde darin, gemeinsam und gesondert verbürgte Eurobonds zur Finanzierung von, sagen wir, 75 Prozent der fälligen Schulden auszugeben, solange Griechenland seine Ziele erfüllt, und Athen den Rest seines Bedarfs finanzieren zu lassen, so gut es eben geht. Dies würde die Finanzierungskosten wesentlich senken und käme der an Bedingungen geknüpften Auszahlung von Kredit-Tranchen durch den Internationalen Währungsfonds gleich.

Allerdings ist das gegenwärtig politisch unmöglich, weil Deutschland knallhart dagegen ist, als Zahlmeister für seine verschwenderischen Partner zu fungieren. Deshalb müssen provisorische Arrangements gefunden werden. Die Regierung Papandreou ist entschlossen, die Missbräuche der Vergangenheit zu beheben, und sie genießt eine bemerkenswerte öffentliche Unterstützung. Zwar gab es Massenproteste und Widerstand seitens der alten Garde der Regierungspartei, aber anscheinend ist die Allgemeinheit bereit, Sparmaßnahmen zu akzeptieren, solange sie Fortschritte bei der Behebung von Haushaltsmissbräuchen sieht – und es gibt eine Menge Missbräuche, die Raum für Fortschritte lassen.

Somit dürfte für Griechenland provisorische Unterstützung reichen, aber dann bleiben noch Spanien, Italien, Portugal und Irland.

Gemeinsam stellen sie einen zu großen Anteil von Euroland dar, als dass ihnen auf diese Art geholfen werden könnte. Auch wenn Griechenland überleben würde, wäre die Zukunft des Euros noch fraglich. Selbst wenn er die aktuelle Krise bewältigt, was ist mit der nächsten? Was gebraucht wird, ist klar: eine strengere Überwachung und institutionelle Vorkehrungen für Hilfen, die an Bedingungen geknüpft sind. Ein gut organisierter Markt für Eurobonds wäre wünschenswert. Die Frage ist, ob der politische Wille für solche Schritte geschaffen werden kann.

DIE REFORM EINES DEFEKTEN HYPOTHEKEN-SYSTEMS

www.politico.com, 25. März 2010

Finanzminister Geithner äußerte sich am Dienstag zu einem langfristigen Plan für eine Reform der staatsnahen Unternehmen (GSEs = Government-Sponsored Enterprises) Fannie Mae und Freddie Mac, die sich derzeit in der Vorhölle befinden. Aber wir brauchen mit der Reformierung des Hypothekensystems nicht jahrelang zu warten – es gibt einen besseren Ansatz, den man sofort einführen könnte.

Das Geschäftsmodell von Fannie Mae und Freddie Mac ist von Grund auf unsolide. Diese Öffentlich-Privaten Partnerschaften sollen eigentlich gleichermaßen dem öffentlichen Interesse und dem Interesse der Aktionäre dienen. Aber diese Interessen wurden nie richtig definiert oder miteinander versöhnt.

Die Interessen der Unternehmensleitungen stimmten eher mit denen der Aktionäre überein. Sie hatten einen Anreiz, im Kongress Lobbyarbeit zu leisten – sowohl damit der Hausbesitz ausgeweitet wurde als auch damit sie ihren Duopol-Status als staatsnahe Unternehmen bewahren und ausnutzen konnten.

Die GSEs weiteten ihre Aktivitäten nach und nach von der Versicherung und Verbriefung von Hypothekendarlehen auf den Aufbau stark gehebelter Wertpapierportfolios aus, wobei sie die implizite staatliche Kreditlinie ausnutzten. Die GSEs profitierten also vom Wachstum, ohne das Risiko eines Kollapses zu tragen: Zahl, wir gewinnen, Adler, ihr verliert.

Die GSEs hatten bereits eine schillernde Vorgeschichte, gespickt mit Unregelmäßigkeiten in der Bilanzierung. Irgendwann flogen sie dann in die Luft – und bescherten dem Steuerzahler einen enormen Verlust, der sich nach manchen Schätzungen auf mehr als 400 Milliarden Dollar belaufen wird.

Anfang des Jahrhunderts hatten Privatunternehmen begonnen, in den Markt für staatlich verbürgte Hypothekendarlehen vorzudringen. Kreditnehmer, für die früher die Federal Housing Administration (FHA) zuständig war, verlegten sich auf Subprime- und Alt-A-Darlehen [Bonität zwischen „Prime" und „Subprime", Anm. d. Ü.].

Der Marktanteil dieser „non-agency"-Hypothekenanleihen [„nicht von staatsnahen Unternehmen ausgegeben", Anm. d. Ü.] wuchs. Sie wurden in Scheiben geschnitten, zerhackt und zu CDOs sowie „CDOs hoch zwei" umverpackt.

Man nahm an, die geografische Diversifizierung würde das Risiko senken. Aber in Wirklichkeit erhöhte das Modell der Verbriefung aus einer Hand, von der Kreditvergabe bis zum Verkauf, das Risiko, weil dadurch ein ernstes Agency-Problem entstand: Die Agenten interessierten sich mehr dafür, Gebühren einzunehmen, als die Qualität der Hypotheken zu gewährleisten. Die Häuserblase endete mit einem Crash – und der Staat war gezwungen, die GSEs zu übernehmen.

Da der private Sektor weitgehend außer Gefecht war, wurden die GSEs und die FHA quasi zur einzigen Quelle von Hypothekenfinanzierungen. Daher haben wir jetzt die paradoxe Situation, dass ein grundsätzlich unsolides Geschäftsmodell gewissermaßen eine Monopolstellung hat. Das kann nicht so bleiben.

Was getan werden muss, ist klar. Die Hypothekenversicherungs-Funktion der GSEs muss von der Hypothekenfinanzierung getrennt werden.

Ersteres, also die Hypothekenversicherung, ist die legitime Funktion einer staatlichen Agentur – vor allem wenn der Privatsektor zusammengebrochen ist. Dann sollte sie aber auch wie eine staatliche Behörde betrieben werden.

Die Hypothekenfinanzierung sollte jedoch wieder dem privaten Sektor zufallen. Dadurch würde ein Geschäftsmodell wegfallen, das gescheitert ist.

Es gibt ein bewährtes System der Hypothekenfinanzierung, das bereits läuft und gut funktioniert. Das dänische Modell ist seit den Nachwehen des großen Brandes von Kopenhagen seit 1795 ununterbrochen in Gebrauch. Es hat zwar nicht verhindert, dass Häuserblasen entstanden sind, aber es ist noch nie zusammengebrochen. Und es hat 2008 wieder einmal bewiesen, was es wert ist.

Im dänischen System leihen sich Hausbesitzer das Geld weder von einem Hypothekenfinanzierer noch von einem GSE. Sie leihen es sich über einen Kreditvermittler – einem Hypothekeninstitut – vom Anleihemarkt. Jedem Hypothekendarlehen steht eine identische, frei gehandelte Anleihe auf den gleichen Betrag gegenüber. Man nennt das „Ausgleichsprinzip".

In den Vereinigten Staaten werden Hypothekenanleihen gleich nach der Geburt vom Kreditnehmer getrennt. Danach führen sie ein Eigenleben. Im System des Ausgleichsprinzips hingegen wird die Verbindung zwischen Hausbesitzer und Anleihe nie unterbrochen.

Das System nach dem Ausgleichsprinzip wird von vermittelnden Hypothekeninstituten betrieben. Sie helfen den Hausbesitzern, den Prozess zu verstehen und umzusetzen. Doch vor allen Dingen tragen die Vermittler das Kreditrisiko der Hypotheken. Im Falle einer Säumnis oder eines Zahlungsausfalls sind sie es, die in der Kreide stehen.

In Dänemark werden die Hypothekendarlehen nicht von einer staatlichen Agentur versichert. Das müsste man in Amerika abwandeln. So demoralisiert, wie der Markt derzeit ist, müsste eine staatliche Hypothekenagentur für die Hypothekendarlehen bürgen. Für die Hypothekeninstitute müsste aber auch etwas auf dem Spiel stehen, beispielsweise durch eine Beteiligung von zehn Prozent.

Das Ausgleichsprinzip hat den entscheidenden Vorteil, dass zahlungsfähige Hausbesitzer die Möglichkeit haben, ihre Darlehen abzulösen, wenn die Zinsen steigen. Wenn der Preis der entsprechenden Hypothekenanleihe fällt, kann der Hausbesitzer den entsprechenden Nennwert an Anleihen mit Abschlag kaufen und damit das bestehende Darlehen ablösen.

Die Tatsache, dass der Hausbesitzer seine Hypothekenverbindlichkeiten senken kann, verringert die Wahrscheinlichkeit, dass sein Darlehen nicht mehr durch das Haus gedeckt ist, wenn die Häuserpreise aufgrund steigender Zinsen fallen.

Dies verhindert, dass es zu einer Zwangsvollstreckungskrise kommt. Und es hätte eine nützliche antizyklische Wirkung: Hausbesitzer, die Hypothekendarlehen zurückkaufen, tragen zur Milderung des Aufwärtsdrucks auf die Zinsen bei. Im Gegensatz dazu verschlimmert das derzeitige System durch Verlängerung der Duration eher den Aufwärtsdruck. Damit ist kurzfristig zu rechnen.

Dieses System hätte gegenüber dem System, das hier gerade zusammengebrochen ist, noch viele andere Vorteile.

Es würde das Agency-Problem beseitigen, das die Hauptursache des Scheiterns war. Es würde das Kreditrisiko vom Zinsrisiko trennen. Es wäre vollkommen transparent. Und es wäre offen: Die Duopolstellung der GSEs hätte ein Ende.

Was übrig bleiben würde, wäre eine staatliche Agentur, die allen qualifizierten Hypothekenvermittlern Versicherungsschutz anbietet, ohne mit ihnen zu konkurrieren.

Und wie kommen wir vom jetzigen Stand dort hin? In einzelnen Schritten.

Der erste ist die Einführung von Hypothekenanleihen nach dem Ausgleichsprinzip. Das könnten und sollten die GSEs jetzt tun, wobei die staatliche Regulierungsbehörde klare konservative Standards setzen sollte. Dafür sind keine neuen Gesetze erforderlich.

Der zweite Schritt besteht darin, das Verfahren so zu öffnen, dass alle qualifizierten Hypothekeninstitute Anleihen nach dem Ausgleichsprinzip ausgeben dürfen. Damit dieser Markt funktioniert, brauchen wir ein neues Gesetz, das verlangt, dass für die Hypothekeninstitute bei jedem vom Bund verbürgten Hypothekendarlehen trotzdem etwas auf dem Spiel steht.

Danach könnten die GSEs nach und nach aus ihrer Rolle als Hypothekenvermittler ausscheiden und ihre Garantiefunktion könnte in Form einer staatlichen Agentur ausgegliedert werden. Am Ende würden die GSEs liquidiert werden, indem ihre Portfolios auslaufen.

Außerdem wäre ein Gesetz nötig, welches das Ausgleichsprinzip auf Bereiche ausweitet, die nicht von der staatlichen Versicherung gedeckt sind.

Tatsächlich durchläuft gerade ein Gesetz den Kongress, das gedeckte Schuldverschreibungen erlaubt.

Es wäre allerdings besser, wenn es auch die Lehren aus der jüngsten Krise berücksichtigen und mit der Einführung des dänischen Modells anfangen würde. Dies sollte ein Teil des Finanzreform-Pakets sein.

Wir könnten jetzt anfangen, anhand dieser Richtlinien ein gestärktes System der Hypothekenfinanzierung wiederaufzubauen.

AMERIKA MUSS SICH DEN GEFAHREN DER DERIVATE STELLEN

Financial Times, 22. April 2010

D ie Zivilklage der US-Börsenaufsicht SEC gegen Goldman Sachs wird von dem Beklagten heftig angefochten werden. Es ist interessant, zu spekulieren, welche Seite gewinnen wird, aber wir werden das Resultat erst nach Monaten erfahren. Jedoch hat der Prozess ungeachtet des Ergebnisses weitreichende Konsequenzen für die Gesetze zur Finanzreform, über die der Kongress berät.

Egal, ob Goldman schuldig ist oder nicht: Die fragliche Transaktion hatte eindeutig keinen gesellschaftlichen Nutzen. Dabei ging es um ein komplexes synthetisches Wertpapier, das als synthetisches Derivat aus existierenden hypothekenbesicherten Anleihen abgeleitet worden war, indem sie zu imaginären Einheiten geklont wurden, die das Original nachahmten. Dieses synthetische CDO hat weder zusätzlichen Hausbesitz finanziert noch Kapital effizienter verteilt. Es hat lediglich das Volumen hypothekenbesicherter Wertpapiere anschwellen lassen, die an Wert verloren, als die Häuserblase platzte. Hauptzweck der Transaktion war es, Gebühren und Kommissionen zu erzeugen.

Dies ist ein klarer Beleg dafür, dass Derivate und synthetische Wertpapiere verwendet wurden, um aus heißer Luft imaginäre Werte zu schöpfen. Es wurden mehr AAA-CDOs geschaffen, als es zugrunde liegende AAA-Vermögenswerte gab. Dies wurde im großen Stil betrieben, obwohl alle beteiligten Parteien erfahrene, sachkundige Investoren waren. Dieser Prozess lief jahrelang und gipfelte in einem Crash, der zu der Vernichtung von Vermögen in Höhe von Billionen Dollar führte. Es darf nicht zugelassen werden, dass das weitergeht. Der Einsatz von Derivaten und anderen synthetischen Wertpapieren muss auch dann reguliert werden, wenn alle beteiligten Parteien ausgefuchste Investoren sind. Normale Wertpapiere müssen bei der Securities and Exchange Commission (SEC) registriert werden, bevor sie gehandelt werden dürfen. Synthetische Wertpapiere sollten auf ähnliche Weise registriert werden, auch wenn man diese Aufgabe einer anderen Behörde zuweisen könnte, beispielsweise der Commodity Futures Trading Commission.

Derivate können viele nützliche Zwecke erfüllen, aber sie bergen auch unsichtbare Gefahren. Zum Beispiel können sie versteckte Ungleichgewichte zwischen Angebot und Nachfrage aufhäufen, die dann plötzlich offenbar werden, wenn eine Schwelle überschritten wird. Das gilt unter anderem für die sogenannten Knock-out-Optionen, die im Devisen-Hedging eingesetzt werden. Es galt auch für die Portfolioversicherungs-Programme, die im Oktober 1987 an der New York Stock Exchange den Schwarzen Montag verursacht haben. Dass danach sogenannte Circuit Breakers eingeführt wurden, erkennt zwar stillschweigend an, dass Derivate Unregelmäßigkeiten verursachen können, aber die richtigen Schlüsse wurden daraus nicht gezogen. Besonders suspekt sind die Credit Default Swaps. Eigentlich sollen sie Anleiheinhaber gegen Zahlungsausfälle versichern und werden deshalb auch als Kreditausfallversicherung bezeichnet. Aber da sie frei gehandelt werden können, kann man sie auch für Baisse-Manöver einsetzen. Außer einer Versicherung stellen sie auch eine Lizenz zum Töten dar. Man sollte ihren Einsatz auf diejenigen beschränken, die versicherbare Engagements in den Anleihen eines Landes oder eines Unternehmens haben.

Die Regulierer werden die Aufgabe haben, Derivate und synthetische Wertpapiere zu durchschauen und ihre Herstellung zu untersagen, wenn sie die systemischen Risiken nicht umfassend beurteilen können. Im Gegensatz zu dem bis vor Kurzem vorherrschenden Diktat des marktfundamentalistischen Dogmas darf man diese Aufgabe nicht den Anlegern überlassen.

Derivate, die an Börsen gehandelt werden, sollten als Klasse registriert werden. Maßgeschneiderte Derivate müssten einzeln registriert werden, wobei die Regulierer gezwungen sein müssten, die damit verbundenen Risiken zu überblicken. Eine Registrierung ist mühselig und zeitaufwendig und sie würde die Verwendung von Freiverkehrs-Derivaten beschränken. Aus börsennotierten Instrumenten könnten maßgeschneiderte Produkte zusammengestellt werden. Dies würde verhindern, dass es erneut zu den Missbräuchen kommt, die zu dem Crash 2008 beigetragen haben.

Es wäre einfach und effektiv, zu verlangen, dass Derivate und synthetische Wertpapiere registriert werden müssen. Und doch enthalten die Gesetze, über die derzeit beraten wird, keine solche Anforderung. Der Landwirtschaftsausschuss des Senats schlägt vor, dass Einlagenkreditinstitute den Swap-Markt organisieren sollen. Das ist zwar ein exzellenter Vorschlag, der viel zur Reduzierung von Verflechtungen zwischen den Märkten beitragen und der Ansteckungseffekte verhindern würde, aber er würde keine Derivate regulieren.

Die fünf großen Banken, die als Marketmaker fungieren und für 95 Prozent der Freiverkehrstransaktionen in den Vereinigten Staaten verantwortlich sind, stellen sich wahrscheinlich dagegen, weil das ihre Gewinne betreffen würde. Verwirrender ist da schon, dass auch einige multinationale Konzerne dagegen sind. Die einzige Erklärung dafür ist, dass man mit maßgeschneiderten Derivaten Steuern vermeiden und Gewinne manipulieren kann. Solche Überlegungen sollten die Gesetzgebung nicht beeinflussen.

DIE KRISE UND DER EURO

The New York Review of Books, 12. Juli 2010

Ich bin überzeugt, dass Fehlauffassungen bei der Gestaltung der Geschichte eine große Rolle spielen, und die Eurokrise ist ein Paradebeispiel dafür.

Ich möchte meine Analyse mit der vorangegangenen Krise beginnen, mit der Pleite von Lehman Brothers. In der Woche nach dem 15. September 2008 sind die globalen Finanzmärkte eigentlich zusammengebrochen und bis zum Ende der Woche mussten sie künstlich am Leben erhalten werden. Die lebenserhaltenden Maßnahmen bestanden darin, Schulden von Finanzinstituten, die für die Gegenparteien nicht mehr akzeptabel waren, durch staatlich verbürgte Kredite zu ersetzen, die durch die Finanzmittel eines Staates hinterlegt waren.

Wie Mervyn King, der Gouverneur der Bank of England, erklärte, mussten die Verantwortlichen kurzfristig genau das Gegenteil dessen tun, was langfristig nötig war: Sie mussten viel Kredit in das System pumpen, um den fehlenden Kredit zu ersetzen, und so das überschüssige Aufkommen an Kredit und Leverage noch verstärken, das die Krise überhaupt verursacht hatte. Erst längerfristig, nach Abflauen der Krise, würden sie den Kredit austrocknen und das makroökonomische Gleichgewicht wiederherstellen können.

Dafür war ein heikles Manöver in zwei Phasen notwendig – wie wenn ein Auto ins Rutschen gerät und man zuerst in die Richtung lenken muss, in die man rutscht, und erst dann gegensteuern kann, wenn man die Kontrolle zurückerlangt hat. Die erste Phase dieses Manövers wurde erfolgreich abgeschlossen – der Kollaps wurde abgewendet. Aber die Ursachen, die dahinter standen, wurden nicht behoben und kamen wieder an die Oberfläche, als die Finanzmärkte begannen, die Kreditwürdigkeit von Staatsschulden infrage zu stellen. Zu diesem Zeitpunkt rückte der Euro aufgrund einer strukturellen Schwäche seiner Konzeption in den Mittelpunkt. Aber wir haben es mit einem weltweiten Phänomen zu tun, das eine unmittelbare Folge des Crashs 2008 ist. Die zweite Phase des Manövers – die Wirtschaft auf einen neuen, besseren Kurs zu bringen – stößt hingegen auf Schwierigkeiten.

Die Situation erinnert geradezu unheimlich an die 1930er-Jahre. Zweifel an der Staatsverschuldung erzwingen zu einer Zeit Senkungen von staatlichen Haushaltsdefiziten, zu der das Bankensystem und die Wirtschaft vielleicht nicht stark genug sind, ohne steuerliche Anreize und Währungsanreize zurechtzukommen. Keynes hat uns gelehrt, dass Haushaltsdefizite für kontrazyklische Maßnahmen in Zeiten der Deflation unentbehrlich sind. Die Staaten fühlen sich jedoch allerorten gezwungen, sie unter dem Druck der Finanzmärkte zurückzufahren. Da dies zu einer Zeit kommt, da außerdem die Chinesen aufs Bremspedal treten, besteht Gefahr, dass dies alles die Weltwirtschaft in eine Rezession oder möglicherweise in einen Double Dip stürzt. Europa, das die erste Phase der Finanzkrise relativ gut überstanden hat, steht jetzt aufgrund der Probleme im Zusammenhang mit der gemeinsamen Währung an vorderster Front der Verursacher von Abwärtsdruck.

Der Euro war von Anfang an eine mängelbehaftete Währung. Der Maastricht-Vertrag errichtete 1992 eine Währungsunion ohne politische Union. Der Euro wartet zwar mit einer gemeinsamen Notenbank auf, aber ihm fehlt ein gemeinsames Finanzministerium. Genau diesen staatlichen Rückhalt stellen die Finanzmärkte jetzt infrage und er ist das, was in der Konstruktion fehlt. Deshalb ist der Euro zum Brennpunkt der aktuellen Krise geworden.

Die Mitgliedsländer teilen sich zwar eine gemeinsame Währung, aber was die Staatsverschuldung angeht, sind sie auf sich gestellt. Diese Tatsache wurde bis vor Kurzem durch die Bereitschaft der Europäischen Zentralbank (EZB) verschleiert, an ihrem Diskontfenster die Staatsanleihen aller Mitgliedsländer zu den gleichen Bedingungen zu akzeptieren. Dies ermöglichte den Mitgliedsländern, praktisch zu den gleichen Zinsen Kredite aufzunehmen wie Deutschland, und die Banken waren froh, mit vermeintlich risikolosen Anlagen ein paar Extrapennies zu verdienen, indem sie ihre Bilanzen mit Staatsanleihen der schwächeren Länder beluden. Diese Positionen gefährden jetzt die Kreditwürdigkeit des europäischen Bankensystems. Beispielsweise halten europäische Banken spanische Anleihen im Wert von fast einer Billion Euro, wobei sich die Hälfte im Besitz deutscher und französischer Banken befindet. Man sieht, dass die europäische Staatsschuldenkrise kompliziert mit einer europäischen Bankenkrise verknüpft ist.

Wie kam diese Verknüpfung zustande?

Die Einführung des Euros im Jahr 1999 brachte eine radikale Verengung der Zinsdifferenzen mit sich. Dies erzeugte wiederum in Ländern wie Spanien, Griechenland und Irland Immobilienblasen. Statt der vom Maastricht-Vertrag verordneten Konvergenz wuchsen diese Länder schneller und bauten Handelsdefizite innerhalb der Eurozone auf, während Deutschland seine Arbeitskosten begrenzte, wettbewerbsfähiger wurde und einen chronischen Handelsüberschuss entwickelte. Um die Sache noch zu verschlimmern, fuhren einige Länder und vor allen Dingen Griechenland Haushaltsdefizite, die über die im Maastricht-Vertrag festgelegten Grenzen hinausgingen. Aber der Diskontkredit der Europäischen Zentralbank erlaubte es ihnen, sich weiterhin zu praktisch den gleichen Zinsen wie Deutschland Geld zu leihen, was sie von dem Druck befreite, ihre Exzesse zu beenden.

Die erste deutliche Erinnerung daran, dass der Euro kein gemeinsames Finanzministerium hat, kam nach dem Bankrott von Lehman. Die Finanzminister der Europäischen Union versprachen, dass sie kein weiteres Finanzinstitut von systemischer Bedeutung würden bankrottgehen lassen. Aber Deutschland stellte sich gegen eine gemeinsame europaweite Bürgschaft. Jedes Land musste sich selbst um seine Banken kümmern.

Zunächst waren die Finanzmärkte von dem Versprechen der EU-Finanzminister derart beeindruckt, dass ihnen der Unterschied kaum auffiel. Das Kapital floh aus Ländern, die nicht in der Lage waren, ähnliche Garantien zu geben, aber die Zinsunterschiede auf Staatsanleihen blieben innerhalb der Eurozone minimal. Damals gerieten die Länder Osteuropas, vor allem Ungarn und die baltischen Staaten, in Schwierigkeiten und mussten gerettet werden.

Erst in diesem Jahr haben die Finanzmärkte angefangen, sich wegen der Anhäufung von Staatsschulden innerhalb der Eurozone Sorgen zu machen. Griechenland rückte ins Zentrum der Aufmerksamkeit, als die neu gewählte Regierung enthüllte, dass die vorige Regierung gelogen hatte und das Defizit 2009 viel größer war als angegeben.

Die Zinsdifferenzen begannen zwar zu wachsen, aber die europäischen Behörden reagierten nur langsam, weil die Mitgliedsländer radikal unterschiedliche Ansichten vertraten. Deutschland, das durch zwei Hyperinflations-Episoden traumatisiert worden war, reagierte auf jeglichen Aufbau von Inflationsdruck allergisch. Frankreich und andere Länder waren eher bereit, Solidarität an den Tag zu legen. Da Deutschland vor Wahlen stand, war es nicht bereit, zu handeln, aber ohne Deutschland konnte nichts unternommen werden. Deshalb schwärte die Griechenlandkrise und breitete sich aus. Als die Verantwortlichen endlich die Kurve kriegten, mussten sie ein viel größeres Rettungspaket anbieten, als es nötig gewesen wäre, wenn sie früher gehandelt hätten.

In der Zwischenzeit griff die Krise auf andere Defizitländer über, und um die Märkte zu beruhigen, fühlten sich die Verantwortlichen gezwungen, einen Europäischen Stabilisierungsfonds im Volumen von 750 Milliarden Euro zusammenzustellen, wobei 500 Milliarden von den Mitgliedstaaten kamen und 250 Milliarden vom IWF.

Aber die Märkte sind nicht beruhigt, denn das Termsheet des Fonds, also die Bedingungen, nach denen er operiert, wurde von Deutschland diktiert. Der Fonds wird nicht gemeinsam verbürgt, sondern gesondert, sodass die schwächeren Länder tatsächlich für einen Teil ihrer eigenen Verschuldung bürgen. Seine Mittel werden dadurch beschafft, dass am Markt Anleihen verkauft werden und zusätzlich eine Gebühr verlangt wird. Es ist schwer vorstellbar, dass diese Anleihen ein AAA-Rating verdient hätten.

Noch irritierender ist die Tatsache, dass Deutschland nicht nur auf einer strengen Finanzdisziplin für schwächere Länder besteht, sondern auch sein eigenes Haushaltsdefizit reduziert. Wenn alle Länder in Zeiten hoher Arbeitslosigkeit ihre Defizite senken, setzen sie eine deflationäre Abwärtsspirale in Gang. Sinkende Zahlen bei der Beschäftigung, den Steuereinnahmen und den Exporten verstärken einander gegenseitig, sodass die Ziele garantiert nicht erreicht werden und weitere Einschnitte erforderlich sind. Und selbst wenn die Haushaltsziele erreicht würden, ist schwer zu erkennen, wie die schwächeren Länder ihre Wettbewerbsfähigkeit wiedergewinnen und wieder anfangen sollen, zu wachsen. Wenn die Währung nämlich nicht abgewertet wird, würde der Anpassungsprozess eigentlich Lohn- und Preissenkungen erfordern, die Deflation produzieren.

Bis zu einem gewissen Grad kann ein anhaltender Rückgang des Wertes des Euros die Deflation dämpfen. Solange es aber kein Wachstum gibt, wird das relative Gewicht der Verschuldung weiter wachsen. Das gilt nicht nur für die Staatsverschuldung, sondern auch für die Geschäftskredite der Banken. Dadurch vergeben die Banken noch widerwilliger Kredite, was den Abwärtsdruck verstärkt.

Der Euro ist ein offensichtlich fehlerhaftes Konstrukt, und seine Architekten wussten das, als sie ihn schufen. Sie erwarteten, dass seine Mängel – sobald sie akut wurden – durch den gleichen Mechanismus korrigiert würden, der die Europäische Union ins Leben gerufen hatte.

Die Europäische Union wurde durch einen Prozess der Stückwerk-Technik aufgebaut: Tatsächlich ist sie die wohl erfolgreichste Meisterleistung des Social Engineering in der Geschichte. Ihre Architekten erkannten, dass Perfektion unerreichbar ist. Sie setzten begrenzte Ziele und feste Fristen. Sie mobilisierten jeweils den politischen Willen für einen kleinen Schritt nach vorn, in dem vollen Bewusstsein, dass seine Unzulänglichkeit sichtbar würde, sobald er gemacht war, und dass dann weitere Schritte nötig wären. Und so wurde die aus sechs Nationen bestehende Montanunion nach und nach, Schritt für Schritt zur Europäischen Union ausgebaut.

Deutschland war gewöhnlich ein Herzstück des Prozesses. Deutsche Staatsmänner versicherten immer, dass Deutschland keine eigenständige Außenpolitik habe, sondern nur eine Europapolitik. Nach dem Fall der Berliner Mauer begriffen die führenden Politiker Deutschlands, dass die Vereinigung nur im Kontext eines geeinten Europas möglich war, und sie waren zu erheblichen Opfern bereit, um sich die Zustimmung Europas zu sichern. Als es ans Feilschen ging, waren sie bereit, ein bisschen mehr in den Topf einzuzahlen als die anderen und ein bisschen weniger herauszunehmen, wodurch sie die Einigung ermöglichten. Aber diese Zeiten sind vorbei. Deutschland fühlt sich nicht mehr so reich und will nicht mehr als Zahlmeister für den Rest Europas fungieren. Diese Änderung der Einstellung ist zwar verständlich, aber sie brachte den Integrationsprozess abrupt zum Stehen.

Deutschland will den Maastricht-Vertrag als heilige Schrift behandeln, die ohne irgendwelche Änderungen befolgt werden muss. Das ist unverständlich, denn es steht im Widerspruch zu der schrittweisen Methode, nach der Europa aufgebaut wurde. Mit Deutschlands Haltung zur Europäischen Union ist etwas grundlegend schiefgelaufen.

Lassen Sie mich zunächst die Mängel des Euros analysieren und dann die Haltung Deutschlands untersuchen. Die größte Unzulänglichkeit, nämlich das Fehlen einer gemeinsamen Fiskalpolitik, ist wohlbekannt. Es gibt aber noch einen anderen Mangel, der weniger Beachtung findet: ein irriger Glauben an die Stabilität der Finanzmärkte. Wie ich in meinen Schriften schon zu erklären versucht habe, demonstrierte der Crash 2008 schlüssig, dass die Finanzmärkte nicht unbedingt einem Gleichgewicht zustreben. Genauso wahrscheinlich ist es, dass sie Blasen produzieren. Ich möchte meine Argumente hier nicht wiederholen, denn Sie finden sie in meinen kürzlich veröffentlichten Vorlesungen.

Ich brauche bloß daran zu erinnern, dass die Einführung des Euros in den Ländern, deren Kreditkosten dadurch kräftig sanken, eine eigene Blase erzeugte. Griechenland missbrauchte dieses Privileg durch Betrug, Spanien aber nicht. Spanien betrieb eine solide makroökonomische Politik, hielt seine Staatsverschuldung unter dem europäischen Durchschnitt und unterwarf sein Bankensystem einer vorbildlichen Aufsicht. Allerdings erlebte es einen gewaltigen Immobilienboom, der dann zusammenbrach und 20 Prozent Arbeitslosigkeit nach sich zog. Jetzt muss es die Sparkassen, die sogenannten *Cajas*, und die Kommunen retten. Das gesamte europäische Bankensystem wird von faulen Schulden erdrückt und muss rekapitalisiert werden. Der Entwurf des Euros berücksichtigte diese Möglichkeit nicht.

Ein weiterer struktureller Fehler des Euros besteht darin, dass er nur gegen die Gefahr der Inflation schützt, aber die Möglichkeit einer Deflation ignoriert. In dieser Hinsicht ist die Aufgabe, die der Europäischen Zentralbank zugewiesen wurde, asymmetrisch. Das liegt an Deutschlands Inflationsangst. Als Deutschland der Ablösung der D-Mark durch den Euro zustimmte, bestand es auf starken Sicherheitsmaßnahmen zur Aufrechterhaltung des Werts. Der Maastricht-Vertrag enthält eine Klausel, die Rettungsaktionen ausdrücklich verbietet, und dieses Verbot wurde kürzlich vom Bundesverfassungsgericht bestätigt. Diese Klausel hat es somit schwer gemacht, die derzeitige Situation zu bewältigen.

Und das bringt mich auf den schwerwiegendsten Mangel in der Konstruktion des Euros: Er lässt keine Fehler zu. Er erwartet von den Mitgliedstaaten, dass sie die Maastricht-Kriterien einhalten – in denen es heißt, dass das Haushaltsdefizit höchstens drei Prozent und die gesamte Staatsverschuldung höchstens 60 Prozent des BIPs betragen darf, allerdings ohne die Einrichtung eines angemessenen Umsetzungsmechanismus. Und jetzt, da mehrere Länder weit von den Maastricht-Kriterien entfernt sind, gibt es weder einen Anpassungs- noch einen Ausstiegsmechanismus. Man erwartet jetzt von diesen Ländern, dass sie zu den Maastricht-Kriterien zurückkehren, auch wenn diese Maßnahme eine Deflationsspirale in Gang setzt. Das steht in direktem Widerspruch zu den Lehren aus der Großen Depression der 1930er-Jahre und das könnte Europa in eine Periode längerer Stagnation oder Schlimmeres stürzen. Dies wiederum wird Unzufriedenheit und soziale Unruhen erzeugen. Es ist schwer zu sagen, wie sich die Wut und die Frustration äußern werden.

Das breite Spektrum der Möglichkeiten wird die Finanzmärkte schwer belasten. Sie werden die Aussichten auf Deflation, Inflation, Bankrott und Desintegration einpreisen müssen. Finanzmärkte mögen keine Unsicherheit. Unterdessen ist in Ländern wie Belgien, den Niederlanden und Italien bereits ein fremdenfeindlicher und nationalistischer Extremismus auf dem Vormarsch. In einem Worst-Case-Szenario könnten solche politischen Tendenzen die Demokratie untergraben und die Europäische Union lähmen oder gar zerstören.

Wenn dies passieren würde, müsste Deutschland einen großen Teil der Verantwortung tragen, denn als stärkstes und kreditwürdigstes Land gibt es den Takt an. Durch das Beharren auf prozyklischen Maßnahmen gefährdet Deutschland die Europäische Union. Mir ist klar, dass dies eine schwere Anschuldigung ist, aber ich fürchte, sie ist ganz einfach berechtigt.

Natürlich kann man es Deutschland nicht vorwerfen, dass es eine starke Währung und einen ausgeglichenen Haushalt will. Man kann ihm allerdings vorwerfen, dass es seine Vorliebe anderen Ländern verordnet, die andere Bedürfnisse und Vorlieben haben – wie Prokrustes, der andere Menschen zwang, in seinem Bett zu liegen, und der sie streckte oder ihnen die Füße abhackte, damit sie hineinpassten. Das Prokrustesbett, das der Eurozone aufgezwungen wird, heißt Deflation.

Unglücklicherweise merkt Deutschland gar nicht, was es tut. Es will Europa gar nicht seinen Willen aufzwingen. Es will lediglich seine Wettbewerbsfähigkeit aufrechterhalten und verhindern, dass es zum Zahlmeister für den Rest Europas wird. Aber als stärkstes und kreditwürdigstes Land hat es das Sagen. Infolgedessen bestimmt Deutschland objektiv gesehen die Finanz- und Wirtschaftspolitik der Eurozone, ohne sich dessen subjektiv bewusst zu sein. Wenn alle Länder versuchen, so zu sein wie Deutschland, treiben sie die Eurozone wohl in eine Deflationsspirale. Das ist die Auswirkung der von Deutschland betriebenen Politik und – da Deutschland das Sagen hat – es ist die Politik, die der Eurozone verordnet wird.

Die deutsche Öffentlichkeit versteht nicht, wieso man Deutschland die Schuld an den Problemen der Eurozone geben sollte. Schließlich ist es die erfolgreichste Volkswirtschaft Europas und absolut in der Lage, an den Weltmärkten zu konkurrieren. Die Probleme der Eurozone fühlen sich wie eine Bürde an, die Deutschland herunterzieht. Es ist nicht klar, was diese Wahrnehmung ändern könnte, denn die Probleme der Eurozone belasten den Euro und als wettbewerbsfähigstes Land der Eurozone hat Deutschland davon den größten Nutzen. Deshalb empfindet Deutschland wahrscheinlich von allen Mitgliedstaaten den geringsten Schmerz.

Der Fehler in der deutschen Haltung lässt sich am besten durch ein Gedankenexperiment verdeutlichen. Den glühendsten Verfechtern dieser Haltung wäre es lieber, dass Deutschland aus dem Euro aussteigt, als dass es seine Position ändert. Schauen wir uns einmal an, wohin das führen würde.

Die D-Mark würde durch die Decke gehen und der Euro würde in den Keller fallen. Das würde zwar in der Tat zum Anpassungsprozess der anderen Länder beitragen, aber Deutschland würde merken, wie schmerzhaft es sein kann, eine überbewertete Währung zu haben. Seine Handelsbilanz würde negativ werden und es gäbe verbreitete Arbeitslosigkeit. Die deutschen Banken würden massive Wechselkursverluste erleiden und sie bräuchten mehr öffentliche Geldspritzen. Aber die deutsche Regierung fände mehr politische Akzeptanz für die Rettung deutscher Banken als Griechenland oder Spanien. Und es gäbe noch andere Entschädigungen: Rentner könnten sich in Spanien zur Ruhe setzen, leben wie die Könige und zur Erholung des spanischen Immobilienmarkts beitragen.

Ich möchte betonen, dass dieses Szenario völlig hypothetisch ist, denn es ist äußerst unwahrscheinlich, dass man es zulassen würde, dass Deutschland aus dem Euro aussteigt und das auf freundliche Art tut. Ein Ausstieg Deutschlands würde finanziell, wirtschaftlich und vor allem politisch destabilisierend wirken. Der Zusammenbruch des gemeinsamen Marktes ließe sich dann nur schwer vermeiden. Zweck dieses Gedankenexperiments ist es, Deutschland davon zu überzeugen, dass es seine Handlungsweise ändern muss, ohne die tatsächliche Erfahrung zu machen, zu der seine derzeitige Politik führt.

Welche Politik sollte Deutschland am besten verfolgen? Man kann nicht von ihm erwarten, dass es bis ins Unendliche für die Defizite anderer Länder einsteht. Daher ist eine gewisse Straffung der Finanzpolitik unvermeidlich. Doch es muss eine Möglichkeit gefunden werden, wie die Krisenländer durch Wachstum den Weg aus ihren Schwierigkeiten finden. Den größten Teil der Schwerstarbeit müssen die betroffenen Länder bewältigen, indem sie Strukturreformen umsetzen, aber sie brauchen auch etwas Hilfe von außen, um ihre Wirtschaft anzukurbeln. Dadurch, dass Deutschland sein Haushaltsdefizit verringert und sich gegen Lohnsteigerungen wehrt, die den Kaufkraftverlust des Euros ausgleichen würden, macht es Deutschland den anderen Ländern in Wirklichkeit schwerer, wieder wettbewerbsfähig zu werden.

Was sollte Deutschland also tun? Es muss drei Leitprinzipien anerkennen.

Erstens ist die aktuelle Krise eher eine Bankenkrise als eine Finanzkrise. Das Bankensystem auf dem europäischen Kontinent wurde nach dem Crash 2008 nie richtig gesäubert. Faule Vermögenswerte wurden nicht nach „mark to market" verbucht – also gemäß dem aktuellen Marktpreis bewertet –, sondern werden bis zur Fälligkeit gehalten. Als die Märkte anfingen, an der Bonität von Staatsschulden zu zweifeln, wurde in Wirklichkeit die Solvenz der Banken infrage gestellt, denn die Banken waren mit Anleihen der schwächeren Länder beladen, die jetzt unter dem Nennwert verkauft werden – also unter dem Preis, zu dem sie ausgegeben wurden. Den Banken fällt es schwer, kurzfristige Finanzierungen zu bekommen. Der Interbankenmarkt – also die Kreditnahme und Kreditvergabe der Banken untereinander – und der Markt für Geldmarktpapiere sind ausgetrocknet und die Banken haben sich um kurzfristige Finanzierungen sowie für die

Einlage ihres überschüssigen Bargelds an die EZB gewandt. Sie sind nicht in der Lage, Staatsanleihen zu kaufen. Das ist der Hauptgrund, aus dem die Risikoprämien auf Staatsanleihen gestiegen sind und einen Teufelskreis bilden.

Die Krise zwingt die Behörden jetzt, die Ergebnisse ihrer Stresstests der Banken zu veröffentlichen, die Auskunft geben, inwieweit deren Mittel für die Deckung ihrer Verbindlichkeiten ausreichen. Wir können erst beurteilen, wie ernst die Lage ist, wenn die Ergebnisse veröffentlicht sind, was vermutlich vor Ende Juli geschieht. Klar ist allerdings, dass die Banken stark überschuldet sind und zwangsweise rekapitalisiert werden müssen. Das dürfte die erste Aufgabe des Europäischen Stabilisierungsfonds sein und das wird viel dazu beitragen, die Atmosphäre zu reinigen. Dann könnte beispielsweise sichtbar werden, dass es in Spanien überhaupt keine Finanzkrise gibt. Die jüngsten Marktbewegungen deuten in diese Richtung. Auch die Rolle Deutschlands könnte in einem ganz anderen Licht erscheinen, wenn es durch die Rekapitalisierung seiner Landesbanken mehr Nutznießer als Beitragszahler des Stabilisierungsfonds wird.

Zweitens muss eine Straffung der Finanzpolitik durch eine Lockerung der Währungspolitik ausgeglichen werden. Konkret könnte die EZB spanische Staatsanleihen mit kurzer Laufzeit aufkaufen, was die Strafzinsen wesentlich senken würde, die durch den von Deutschland angeregten Europäischen Stabilisierungsfonds festgelegt wurden und die Spanien jetzt auf seine Anleihen bezahlen muss. Dadurch könnte Spanien seine Haushaltsziele unter weniger Schmerzen erreichen. Ohne einen Sinneswandel Deutschlands ist das jedoch nicht möglich.

Drittens ist es jetzt an der Zeit, ungenutzte Mittel arbeiten zu lassen, indem man sie in Bildung und Infrastruktur investiert. Beispielsweise braucht Europa ein besseres System von Gaspipelines, wobei die Verbindung zwischen Spanien und Frankreich einen Flaschenhals darstellt. Der Europäischen Investitionsbank dürfte es gelingen, noch andere Investitionsmöglichkeiten zu finden, zum Beispiel den Ausbau der Breitbandversorgung oder den Aufbau eines intelligenten Stromnetzes.

Momentan kann man zwar unmöglich Konkreteres sagen, aber es gibt Anlass zum Optimismus. Wenn die Zahlungsfähigkeit der Banken geklärt ist und sie ordentlich rekapitalisiert wurden, dürfte es möglich sein, eine Wachstumsstrategie für Europa zu entwerfen. Und wenn Europa sein Gleichgewicht wiedergefunden hat, ist die Zeit reif, die strukturellen Unzulänglichkeiten des Euros zu beheben. Täuschen Sie sich nicht: Die Tatsache, dass die Maastricht-Kriterien so eklatant verletzt wurden, zeigt, dass der Euro Mängel hat, die behoben werden müssen.

Wie ich schon am Anfang sagte, ist ein heikles Manöver in zwei Phasen nötig, ähnlich dem, das die Verantwortlichen nach der Pleite von Lehman Brothers durchführten. Zuerst Europa helfen, durch Wachstum aus seinen Schwierigkeiten herauszukommen, und dann die Struktur des Euros stärken. Ohne Deutschlands Führung geht das nicht. Ich hoffe, dass Deutschland seiner Verantwortung wieder gerecht wird. Schließlich hat es das früher auch getan.

Deutschland reiste weitgehend isoliert zu dem G-20-Gipfel in Toronto am 26. und 27. Juli. Vor dem Gipfel hatte Präsident Obama Angela Merkel öffentlich angefleht, ihre Politik zu ändern. Auf dem Gipfel wurde der Spieß umgedreht. Der kanadische Premierminister Stephen Harper als Gastgeber und der neu gewählte britische Premierminister David Cameron stellten sich gemeinsam hinter Merkel, sodass Obama isoliert dastand. Die G-20 unterstützten Merkels Ansatz und befürworteten als Ziel eine Halbierung der Haushaltsdefizite bis 2013. Dies verstärkt die Bedrohung der Weltwirtschaft durch eine Deflationsspirale und macht die Erfahrung der 1930er-Jahre noch relevanter, als sie es war, als ich einen großen Teil des obigen Textes als Rede an der Humboldt-Universität vortrug.

Die Politiker behaupten, sie würden sich nach den Hinweisen von den Finanzmärkten richten, aber sie interpretieren deren Signale falsch. Die Risikoprämien auf Staatsanleihen sind in Europa wegen der Situation der Banken gestiegen. Aber die Renditen auf Staatsanleihen der Vereinigten Staaten, Japans und Deutschlands stehen auf Allzeittiefs oder nahe daran, die Zinskurven werden flacher und die

Rohstoffpreise sinken – all das deutet auf Deflation voraus. Auch die Kapitalmärkte sind unter Druck geraten, aber das liegt daran, dass es an klarer Führung fehlt. Das Spektrum der Unsicherheiten ist ungewöhnlich breit: Die Märkte müssen Inflation, Zahlungsausfall und Desintegration einpreisen, alles zur gleichen Zeit. Kein Wunder, dass die Preise fallen.

Die Spitzenpolitiker der Welt müssen lernen, dass sie die Märkte führen müssen, und nicht versuchen, ihnen zu folgen. Natürlich müssen sie auch die richtige Politik machen und einen Konsens schmieden – eine schwierige Dreierwette. Im Moment tendieren die G-20-Nationen gemeinsam zur falschen Politik.

AMERIKA BRAUCHT KEINE TUGEND, SONDERN ANREIZE

Financial Times, 4. Oktober 2010

Das Beharren der Obama-Administration auf steuerlicher Rechtschaffenheit wird nicht nur von der finanziellen Notwendigkeit diktiert, sondern auch von politischen Erwägungen. Die Vereinigten Staaten sind nicht in der Situation der hoch verschuldeten Länder Europas, die saftige Aufschläge auf den Preis bezahlen müssen, zu dem sich Deutschland Geld leihen kann. Die Zinsen auf US-Staatsanleihen sind im Sinken begriffen und stehen in der Nähe von Rekordtiefs, was bedeutet, dass die Finanzmärkte nicht mit Inflation, sondern mit Deflation rechnen.

Präsident Barack Obama steht politisch unter Druck. Den Amerikanern macht die Anhäufung von Staatsschulden große Sorgen. Der republikanischen Opposition ist es überaus gut gelungen, den Crash 2008 sowie die nachfolgende Rezession und die hohe Arbeitslosigkeit der Unfähigkeit der Regierung zuzuschreiben.

Aber der Crash 2008 war in erster Linie ein Versagen des Privatsektors. Eigentlich müsste man an den US-Regulierern (und anderen Regulierern) bemängeln, dass sie nicht reguliert haben. Ohne Rettungspaket hätte die Lähmung des Finanzsystems fortbestanden, wodurch die nachfolgende Rezession tiefer und länger geworden wäre. In ähnlicher Weise war auch das US-Konjunkturpaket eine notwendige Maßnahme. Die Tatsache, dass der größte Teil davon für die Stützung des Konsums ausgegeben wurde und nicht für die Korrektur der zugrunde liegenden Ungleichgewichte, ließ sich aufgrund des Zeitdrucks nicht vermeiden.

Einen Fehler hat die Regierung Obama hingegen in der Art gemacht, wie sie das Bankensystem gerettet hat: Indem sie einen Teil der faulen Vermögenswerte der Banken aufkaufte und sie mit billigem Geld versorgte, half sie ihnen, sich durch Gewinne aus dem Loch zu wirtschaften, in das sie gefallen waren. Auch dies war von politischen Erwägungen geleitet. Effizienter wäre es gewesen, neues Eigenkapital in die Banken zu pumpen, aber der Präsident befürchtete, dann würde man ihm Verstaatlichung und Sozialismus vorwerfen.

Diese Entscheidung ging nach hinten los und hatte ernste politische Rückwirkungen. Die Allgemeinheit, die mit einem Hochschnellen der Kreditkartenzinsen von acht auf fast 30 Prozent konfrontiert war, sah, dass die Banken Extragewinne einfuhren und große Boni bezahlten. Die Tea-Party-Bewegung nutzt diese Ressentiments aus und Obama befindet sich jetzt in der Defensive. Die Kampagne der Republikaner gegen jegliche weitere Konjunkturpakete und gegen die Regierung ist ein Lippenbekenntnis zur steuerlichen Rechtschaffenheit, auch wenn sie anerkennt, dass es für die Senkung des Defizits noch zu früh sein könnte.

Ich glaube, es gibt starke Argumente für weitere konjunkturelle Anreize. Zugegeben, man kann den Konsum nicht endlos dadurch stützen, dass man die Staatsverschuldung erhöht. Das Ungleichgewicht zwischen Konsum und Investitionen muss korrigiert werden. Aber die Staatsausgaben in einer Zeit der Arbeitslosigkeit in großem Maßstab zu kürzen, hieße, die Lehren aus der Geschichte zu ignorieren.

Die Lösung, die auf der Hand liegt, ist die Unterscheidung zwischen Investitionen und laufendem Konsum und die Erhöhung Ersterer bei gleichzeitiger Senkung von Letzterem. Doch anscheinend ist das politisch nicht durchsetzbar. Die meisten Amerikaner vertreten die Auffassung, dass der Staat nicht in der Lage ist, Investitionen zu verwalten, die auf die Verbesserung des physischen und menschlichen Kapitals unseres Landes abzielen.

Und auch diese Meinung ist nicht ganz unberechtigt: Dass der Staat ein Vierteljahrhundert lang schlechtgeredet wurde, hat zu einem schlechten Staat geführt. Aber die Behauptung, Ausgaben für Anreize seien unweigerlich verschwendet, ist eklatant falsch: Der New Deal hat die Tennessee Valley Authority, die Triborough Bridge in New York und viele öffentliche Versorgungseinrichtungen hervorgebracht, die bis heute in Gebrauch sind.

Überdies gilt die einfache Wahrheit, dass der Privatsektor vorhandene Mittel nicht einsetzt. Obama ist in der Tat sehr unternehmerfreundlich und die großen Unternehmen arbeiten profitabel. Doch anstatt zu investieren, stocken sie ihre Liquidität auf. Vielleicht könnte ein Wahlsieg der Republikaner ihrer Zuversicht einen Schub verleihen, aber bis dahin benötigen die Investitionen und die Beschäftigung steuerliche Anreize (monetäre Anreize würden die Unternehmen hingegen wohl eher dazu reizen, einander gegenseitig zu schlucken, als Arbeitskräfte einzustellen).

Die Frage, wie viel Staatsverschuldung zu viel ist, bleibt offen, denn die Toleranz gegenüber der Staatsverschuldung hängt hochgradig von der vorherrschenden Wahrnehmung ab. Die entscheidende Variable ist die Risikoprämie, die auf die Zinsen geschlagen wird: Sobald sie zu steigen beginnt, wird das bestehende Finanzierungsdefizit unerträglich. Der Umschlagpunkt ist jedoch reflexiv und somit unbestimmt.

Betrachten wir einmal Japan, wo sich die Verschuldung 200 Prozent des Bruttoinlandsprodukts nähert – das ist einer der höchsten Verschuldungsgrade der Welt. Und doch liegt die Rendite 10-jähriger Staatsanleihen nur knapp über einem Prozent. Der Grund dafür liegt darin, dass Japans Privatsektor kaum Appetit auf Investitionen im Ausland hat und dass ihm ein Prozent auf 10-jährige Staatsanleihen lieber ist als null Prozent auf Bargeld. Wenn sich die US-Banken weiterhin zu annähernden Nullzinsen Geld leihen und Staatsanleihen kaufen können, ohne Eigenkapital dafür einzusetzen, und wenn der Dollar nicht gegenüber dem Renminbi abwertet, könnten sich die Zinsen auf US-Staatsanleihen durchaus in die gleiche Richtung entwickeln.

Das soll nicht heißen, dass die Vereinigten Staaten den Diskontsatz nahe null Prozent halten und ihr Defizit unendlich in die Höhe treiben sollten. Die richtige Politik wäre es, so schnell wie möglich die Ungleichgewichte zu vermindern und gleichzeitig die Zunahme der Kreditaufnahme möglichst klein zu halten. Das kann man auf mehrere Arten machen, aber das ausdrückliche Ziel der Obama-Administration, das Haushaltsdefizit bis 2013 zu halbieren, während die Wirtschaft weit unter ihrer Kapazität arbeitet, gehört nicht dazu. Investitionen in Infrastruktur und Bildung sind da schon sinnvoller. Das gilt auch für die Erzielung einer mäßigen Inflationsrate, indem man den Dollar gegenüber dem Renminbi abwertet.

Was dem im Wege steht, ist nicht die wirtschaftliche Situation, sondern Fehlauffassungen hinsichtlich des Haushaltsdefizits, die für parteipolitische und ideologische Zwecke ausgebeutet werden.

CHINA MUSS DIE
GLOBALE WÄHRUNGSKRISE BEHEBEN

Financial Times, 7. Oktober 2010

Ich teile die zunehmende Besorgnis über die Schieflage der Währungen. Brasiliens Finanzminister spricht von einem latenten Währungskrieg und damit liegt er gar nicht so falsch. Die Devisenmärkte sind der Ort, an dem die verschiedenen Wirtschaftspolitiken und die verschiedenen wirtschaftlichen und politischen Systeme interagieren und zusammenprallen.

Das geltende Währungssystem ist verzerrt. China hat seine Währung im Grunde an den Dollar gebunden, während die meisten anderen Währungen mehr oder weniger frei fluktuieren.

China besitzt ein zweigleisiges System, in dem die Kapitalbilanz streng kontrolliert wird. Die meisten anderen Währungen unterscheiden nicht zwischen Leistungsbilanz und Kapitalbilanz. Darum ist die chinesische Währung chronisch unterbewertet und sichert China einen dauerhaft hohen Außenhandelsüberschuss.

Vor allem ermöglicht es dieses Arrangement der chinesischen Regierung, eine erheblichen Anteil vom Wert der chinesischen Exporte abzuschöpfen, ohne in die Anreize einzugreifen, die dafür sorgen, dass die Menschen so hart arbeiten, und die ihre Arbeit so produktiv machen. Es hat die gleichen Auswirkungen wie eine Besteuerung, funktioniert aber viel besser.

Das ist Chinas Erfolgsgeheimnis. Dadurch behält China bei seinen Geschäften mit anderen Ländern die Oberhand, weil die Verwendung des Überschusses im Ermessen des Staates liegt. Und das hat China vor der Finanzkrise bewahrt, die die entwickelte Welt bis in die Grundfesten erschüttert hat. Für China war die Krise ein äußeres Ereignis, das hauptsächlich als vorübergehender Exportrückgang erlebt wurde.

Es ist nicht übertrieben, zu behaupten, dass China seit der Finanzkrise das Sagen hat. Seine Währungsmaßnahmen hatten einen entschiedenen Einfluss auf die Wechselkurse. Als der Euro in diesem Jahr in Schwierigkeiten geriet, betrieb China eine Politik des Abwartens und Zuschauens. Seine Abwesenheit als Käufer hat zum Rückgang des Euros beigetragen. Als der Euro auf 120 gegen den Dollar fiel, schritt China ein, um den Euro als internationale Währung zu erhalten. Chinas Käufe kehrten den Verfall des Euros um.

Als in jüngerer Zeit Gesetze des Kongresses gegen die chinesischen Währungsmanipulationen eine echte Bedrohung darstellten, ließ es China zu, dass seine Währung gegenüber dem Dollar um ein paar Prozentpunkte stieg. Doch der Anstieg des Euros, des Yens und anderer Währungen glich den Verfall des Dollars aus und sicherte somit Chinas Vorteil.

Chinas dominierende Stellung wird jetzt durch äußere wie auch durch innere Faktoren gefährdet. Der bevorstehende globale Abschwung hat den protektionistischen Druck verschärft. Länder wie Japan, Südkorea und Brasilien intervenieren unilateral an den Devisenmärkten.

Wenn sie anfangen würden, es China nachzutun, indem sie Kapitaltransfers mit Einschränkungen belegen, würde China einige seiner derzeitigen Vorteile einbüßen. Darüber hinaus hätte dies negative Auswirkungen auf die globalen Devisenmärkte und die globale Wirtschaftslage würde sich eintrüben.

Wie der China-Experte Michael Pettis gezeigt hat, ist in der Binnenwirtschaft der Konsum als Anteil am BIP von ohnehin niedrigen

46 Prozent im Jahr 2000 bis 2009 auf 35,6 Prozent gefallen. Zusätzliche Investitionen in Kapitalgüter werfen sehr niedrige Renditen ab. Von jetzt an muss der Konsum viel schneller wachsen als das BIP. Somit schreien sowohl interne als auch externe Überlegungen danach, es zuzulassen, dass der Renminbi aufwertet. Aber Anpassungen des Währungskurses müssen Teil eines international abgestimmten Plans zum Abbau der globalen Ungleichgewichte sein.

Die Ungleichgewichte in den Vereinigten Staaten sind das Spiegelbild der chinesischen. China wird von Inflation bedroht, die Vereinigten Staaten von Deflation. Mit fast 70 Prozent des BIPs ist der Konsum in den Vereinigten Staaten zu hoch. Die Vereinigten Staaten brauchen steuerliche Anreize zur Verbesserung der Wettbewerbsfähigkeit anstatt einer quantitativen Lockerung, die Aufwärtsdruck auf alle Währungen außer den Renminbi ausübt.

Außerdem brauchen die Vereinigten Staaten einen Anstieg des Renminbis, um ihr Handelsdefizit zu verringern und die Last der aufgehäuften Schulden zu mindern. China könnte seinerseits einen höheren Renminbi und ein geringeres allgemeines Wachstum akzeptieren, solange der Anteil des Konsums steigt und die Verbesserung des Lebensstandards anhält.

Die chinesische Öffentlichkeit wäre damit zufrieden, nur die Exportwirtschaft würde darunter leiden und der Devisenüberschuss, der beim chinesischen Staat anfällt, würde sich verringern. Ein großer Anstieg wäre, wie Premierminister Wen sagt, katastrophal, aber zehn Prozent pro Jahr dürften zu ertragen sein.

Da die chinesische Regierung unmittelbare Nutznießerin des Devisenüberschusses ist, bräuchte sie einen bemerkenswerten Weitblick, um diesen Rückgang ihrer Macht zu akzeptieren und die Vorteile zu erkennen, die es hat, ihre Wirtschaftspolitik mit dem Rest der Welt zu koordinieren. Sie muss erkennen, dass China nicht weiterhin zulegen kann, wenn es nicht den Interessen seiner Handelspartner mehr Aufmerksamkeit schenkt.

Nur China ist in der Lage, einen Prozess der internationalen Kooperation zu initiieren, denn es kann den Anreiz einer Aufwertung des Renminbis bieten. China hat bereits einen ausgeklügelten Mechanismus für die Konsensbildung im eigenen Land entwickelt. Jetzt muss es einen Schritt weiter gehen und sich für die internationale Konsensbildung einsetzen. Der Rest der Welt würde dies dadurch belohnen, dass er den Aufstieg Chinas akzeptieren würde.

Ob sich China dessen bewusst ist oder nicht, es ist zu einem weltweit führenden Land aufgestiegen. Wenn es der Verantwortung seiner Führungsrolle nicht gerecht wird, könnte es sein, dass das globale Währungssystem zusammenbricht und die Weltwirtschaft mit sich reißt. Der Handelsüberschuss muss auf die eine oder andere Art schrumpfen. Für China wäre es aber viel besser, wenn dies infolge eines steigenden Lebensstandards geschehen würde, als wegen eines globalen Wirtschaftsabschwungs.

Die Chancen für einen positiven Ausgang stehen zwar nicht gut, aber wir müssen darum kämpfen, weil die Welt ohne internationale Kooperation auf eine Periode großer Turbulenzen und Störungen zusteuert.

Europa sollte erst die Banken, dann die Staaten retten

Financial Times, 15. Dezember 2010

Als die Architekten des Euros ihn entwarfen, wussten sie, dass er unvollständig war. Die Währung hatte zwar eine gemeinsame Zentralbank, aber kein gemeinsames Finanzministerium – was zwangsläufig ist angesichts der Tatsache, dass der Maastricht-Vertrag eine Währungsunion ohne politische Union herbeiführen sollte. Die Politiker vertrauten jedoch darauf, dass sie, falls der Euro in eine Krise geraten sollte, diese überwinden könnten. Denn schließlich wurde die Europäische Union auf diese Art geschaffen – einen Schritt nach dem anderen, in dem vollen Bewusstsein, dass zusätzliche Schritte erforderlich sein würden.

Im Nachhinein kann man jedoch weitere Unzulänglichkeiten des Euros erkennen, deren sich seine Architekten nicht bewusst waren. Eine Währung, die eigentlich dafür gedacht war, Konvergenz zu bringen, hat stattdessen Divergenzen gebracht. Das liegt daran, dass die Gründer nicht begriffen, dass Ungleichheiten nicht nur in der öffentlichen Sphäre, sondern auch im privaten Sektor auftreten konnten.

Als der Euro in Kraft trat, konnten Geschäftsbanken die von ihnen gehaltenen Staatsanleihen am Diskontfenster der Europäischen Zentralbank refinanzieren und die Regulierer betrachteten diese Anleihen als risikolos. Dies führte dazu, dass die Zinsdifferenzen zwischen den verschiedenen Ländern schrumpften. Dies wiederum erzeugte in den schwächeren Ländern Immobilienbooms, die ihre Wettbewerbsfähigkeit reduzierten. Gleichzeitig musste Deutschland, das unter den Nachwirkungen der Wiedervereinigung litt, den Gürtel enger schnallen. Die Gewerkschaften erklärten sich bereit, im Austausch gegen Arbeitsplatzsicherheit bei den Löhnen und den Arbeitsbedingungen Zugeständnisse zu machen. Und so kam es zu den Divergenzen. Aber die Banken deckten sich weiterhin mit Staatsanleihen der schwächeren Länder ein, um von den minimalen Zinsdifferenzen zu profitieren, die immer noch bestanden.

Das Fehlen eines gemeinsamen Finanzministeriums wurde erstmals nach dem Bankrott von Lehman Brothers am 15. Oktober 2008 als Problem offenbar, als die Gefahr eines Systemkollapses die Staaten zur Garantie zwang, dass kein weiteres systemisch wichtiges Finanzinstitut untergehen würde. Die deutsche Kanzlerin Angela Merkel bestand damals darauf, dass jedes Land für seine eigenen Institutionen bürgte, und lehnte einen europaweiten Ansatz ab. Interessanterweise wuchsen die Zinsdifferenzen erst 2009, als die neu gewählte griechische Regierung erklärte, dass ihre Vorgängerin gemogelt hatte und dass das Defizit viel größer war als gemeldet. Das war der Beginn der Eurokrise.

Dem Fehlen eines gemeinsamen Finanzministeriums wird jetzt abgeholfen: Erst kam das Griechenland-Rettungspaket, dann eine vorübergehende Notfall-Fazilität. Die Finanzbehörden handeln nur halbherzig und es ist so gut wie sicher, dass eine dauerhafte Institution errichtet werden wird. Ebenso sicher ist leider, dass die neuen Arrangements ebenfalls mängelbehaftet sein werden. Denn der Euro weist noch andere Schwächen auf. Die Politiker sind nicht nur mit einer Währungskrise konfrontiert, sondern auch mit einer Bankenkrise und einer Krise der makroökonomischen Theorie.

Die Verantwortlichen begehen mindestens zwei Fehler. Einer besteht darin, dass sie entschlossen sind, Pleiten oder Haircuts ausstehender

Staatsanleihen zu vermeiden, weil sie fürchten, dadurch eine Banken-krise auszulösen. Die Inhaber von Anleihen insolventer Banken wer-den auf Kosten der Steuerzahler geschützt. Das ist politisch inakzep-tabel. Die neue irische Regierung, die im kommenden Frühjahr gewählt werden soll, wird wohl die derzeitigen Arrangements verwerfen müs-sen. Die Märkte erkennen das und deshalb hat die Rettung Irlands keine Linderung gebracht.

Zweitens machen es die hohen Zinsen, die für die Rettungspakete verlangt werden, den schwächeren Ländern unmöglich, ihre Wett-bewerbsfähigkeit im Vergleich zu den stärkeren Ländern zu verbes-sern. Die Unterschiede werden weiter wachsen und die schwächeren Länder werden immer schwächer werden. Die gegenseitige Abnei-gung zwischen Gläubigern und Schuldnern dürfte wohl wachsen und es besteht die reale Gefahr, dass der Euro den politischen und gesellschaftlichen Zusammenhalt der EU zerstören könnte.

Beide Fehler können behoben werden. Im Hinblick auf den ersten sollten Notfallfonds sowohl für die Rekapitalisierung der Bankensys-teme als auch für Darlehen an souveräne Staaten verwendet werden. Letzteres wäre ein effizienterer Einsatz der Mittel als Ersteres. Dann hätten die Länder geringere Defizite und sie könnten früher wieder Zugang zum Markt bekommen, wenn das Bankensystem angemessen kapitalisiert wäre. Besser ist es, jetzt Kapital hineinzupumpen, als spä-ter, und dies europaweit zu tun, als dass jedes Land für sich agiert. Dies würde ein europäisches regulatorisches System schaffen. Eine europaweite Regulierung der Banken beeinträchtigt die nationale Sou-veränität weniger als die Kontrolle Europas über die Finanzpolitik. Und die europäische Kontrolle der Banken ist weniger anfällig für politischen Missbrauch als die einzelstaatliche Kontrolle.

Was das zweite Problem angeht, sollten die Zinsen für Rettungs-pakete auf den Zinssatz gesenkt werden, zu dem sich die EU selbst Geld leihen kann. Dies hätte den Vorteil, dass sich ein aktiver Markt für Eurobonds entwickeln würde.

Diese beiden strukturellen Veränderungen reichen möglicherweise nicht aus, um den bedürftigen Ländern einen Fluchtweg zu bahnen.

Zusätzliche Maßnahmen wie beispielsweise Haircuts bei der Staatsverschuldung dürften nötig sein. Aber wenn die Banken ordentlich rekapitalisiert würden, könnten sie das auffangen. Auf jeden Fall würde man damit zwei klar erkennbare Fehler vermeiden, welche die EU zu einer düsteren Zukunft verurteilen.

TEIL IV

2011: Die Eurozone

WIE DEUTSCHLAND EIN EUROPA DER ZWEI GESCHWINDIGKEITEN VERHINDERN KANN

Financial Times, 22. März 2011

Die „Eurokrise" wird generell als Währungskrise betrachtet, aber sie ist auch eine Staatsschuldenkrise und sogar noch mehr eine Bankenkrise. Die Situation ist komplex. Diese Komplexität sorgt für Verwirrung und dies hat politische Folgen. Die verschiedenen Mitgliedstaaten Europas haben sehr unterschiedliche Ansichten entwickelt und ihre jeweilige Politik spiegelt eher ihre Ansichten als ihre wahren nationalen Interessen wider. Das Aufeinanderprallen der Sichtweisen trägt den Keim ernstlicher politischer Auseinandersetzungen in sich.

Die Lösung, die bald umgesetzt wird, wird im Endeffekt von Deutschland diktiert werden, ohne dessen staatliche Bürgschaft keine Lösung möglich ist. Frankreich versucht zwar, das Ergebnis zu beeinflussen, muss sich aber am Ende Deutschland beugen, weil sein AAA-Rating von seiner engen Partnerschaft mit Deutschland abhängt.

Deutschland gibt den Ländern, deren Wettbewerbsfähigkeit gesunken ist und die Schulden angehäuft haben, die Schuld an der Finanzkrise und bürdet deshalb die gesamte Last der Anpassung den

Schuldnerländern auf. Diese einseitige Sichtweise ignoriert allerdings die Tatsache, dass es hier nicht nur um eine Staatsschuldenkrise geht, sondern auch um eine Währungs- und Bankenkrise – und Deutschland trägt eine wesentliche Mitverantwortung für diese Krisen.

Als der Euro eingeführt wurde, erwartete man, dass er Konvergenz bringen würde, aber stattdessen brachte er Divergenz. Die Europäische Zentralbank betrachtete die Staatsanleihen aller Mitgliedstaaten als risikolos und akzeptierte sie an ihrem Diskontfenster zu gleichen Bedingungen. Banken, die risikolose Vermögenswerte halten mussten, um ihre Liquiditätsanforderungen zu erfüllten, hatten einen Anreiz, Staatsanleihen der schwächeren Länder aufzukaufen, um ein paar Basispunkte extra zu verdienen. Dies drückte die Zinsen in Portugal, Irland, Griechenland, Italien und Spanien und erzeugte Häuserblasen – während gleichzeitig Deutschland den Gürtel enger schnallen musste, um die Kosten für die Wiedervereinigung zu bewältigen. Das Ergebnis waren eine auseinanderdriftende Wettbewerbsfähigkeit und eine Bankenkrise, die die deutschen Banken schwerer traf als die meisten anderen. Um die Wahrheit zu sagen: Deutschland hat die schwer verschuldeten Länder gerettet, um so sein eigenes Bankensystem zu schützen.

Die von Deutschland verordneten Arrangements schützen das Bankensystem, indem sie ausstehende Staatsschulden als sakrosankt betrachten. Außerdem bürden sie die gesamte Last der Anpassung den Schuldnerländern auf. Diese Arrangements erinnern an die internationale Bankenkrise 1982, als die internationalen Finanzinstitute den Schuldnerländern so lange genug Geld für die Bedienung ihrer Schulden liehen, bis die Banken so viele Reserven aufgebaut hatten, dass sie ihre faulen Schulden 1989 gegen Brady-Bonds eintauschen konnten. So kam es zum „verlorenen Jahrzehnt" Lateinamerikas. Tatsächlich bestrafen die derzeitigen Arrangements die Schuldnerländer sogar noch mehr als in den 1980er-Jahren, denn nach 2013 müssen sie happige Risikoprämien bezahlen.

Es passt irgendwie nicht zusammen, dass man schon wieder das Bankensystem rettet und dann ab 2013 die Inhaber von Staatsanleihen durch die Einführung von Umschuldungsklauseln zur Verantwortung zieht. Infolgedessen wird die Europäische Union etwas Schlimmeres erleben als ein verlorenes Jahrzehnt. Sie wird eine chronische Divergenz erleben: Die Überschussländer werden florieren und die Defizitländer werden von der Bürde der angehäuften Schulden niedergedrückt. Die Wettbewerbsanforderungen werden unter ungleichen Wettbewerbsbedingungen verordnet werden, was defizitäre Länder in eine unhaltbare Position bringt. Sogar Spanien, das mit einem niedrigeren Verschuldungsgrad als Deutschland in die Eurokrise hineingegangen ist, könnte dadurch abstürzen.

Berlin zwingt solche Vereinbarungen unter dem Druck der öffentlichen Meinung in Deutschland auf, aber der deutschen Öffentlichkeit wurde nicht die Wahrheit gesagt, und deshalb ist sie verwirrt. Die Lösung der Eurokrise, die diese Woche auf den Weg gebracht werden soll, wird das Europa der zwei Geschwindigkeiten in Stein meißeln. Dies wird Verstimmungen hervorrufen, die den politischen Zusammenhalt der EU gefährden werden.

Zwei grundlegende Veränderungen sind notwendig: Erstens muss die EFSF das Bankensystem und auch die Mitgliedstaaten retten. Dadurch wird es möglich sein, die Staatsschulden zu restrukturieren, ohne dadurch eine Bankenkrise auszulösen. Das Ausmaß des Rettungspakets könnte gleich bleiben, denn jede Summe, die für die Kapital- oder Liquiditätsausstattung von Banken verwendet wird, reduziert den Betrag, der an souveräne Staaten ausgeliehen werden muss. Wenn man die Banken unter europäische Aufsicht stellt, anstatt sie den Händen nationaler Behörden zu überlassen, würde dies zur Wiederherstellung des Vertrauens in das Bankensystem beitragen.

Um gleiche Wettbewerbsbedingungen zu schaffen, müssen zweitens die Risikoprämien auf die Darlehenskosten von Ländern, die sich an die Regeln halten, beseitigt werden. Dies könnte dadurch erreicht werden, dass man den größten Teil der Staatsanleihen in Eurobonds umtauscht. Dann müssten die Länder ihre eigenen Anleihen mit Umschuldungsklauseln ausgeben und den Risikoaufschlag nur für den Betrag bezahlen, der über die Maastricht-Kriterien hinausgeht.

Der erste Schritt dahin könnte und sollte gleich auf dem Gipfel am Donnerstag unternommen werden, der zweite wird warten müssen. Die deutsche Öffentlichkeit ist noch weit davon entfernt, dies zu akzeptieren, aber es ist notwendig, um wieder für gleiche Wettbewerbsbedingungen zu sorgen. Dies muss klargestellt werden, um Defizitländern die Hoffnung zu geben, dass sie aus ihrer defizitären Notlage herauskommen können, wenn sie hart genug daran arbeiten.

DIE WAHREN EUROPÄER BRAUCHEN JETZT EINEN „PLAN B"

Financial Times, 13. Juli 2011

Die Europäische Union wurde durch das ins Leben gerufen, was Karl Popper als „Stückwerk-Technik" bezeichnete. Eine Gruppe weitsichtiger Staatsmänner, die von der Vision Vereinigter Staaten von Europa beseelt waren, erkannte, dass man sich diesem Ideal nur schrittweise nähern konnte, indem man begrenzte Ziele aufstellte, den politischen Willen zu ihrer Erreichung mobilisierte und Verträge schloss, die von den Ländern die Aufgabe von Souveränität nur in einem politisch erträglichen Maß verlangten. Und so wurde die in der Nachkriegszeit gegründete Montanunion in die EU verwandelt – Schritt für Schritt, natürlich in dem Bewusstsein, dass jeder Schritt unvollständig war und zu gegebener Zeit weitere Schritte erforderte.

Die Architekten der EU erzeugten den nötigen politischen Willen, indem sie an den Zweiten Weltkrieg, die Bedrohung durch die Sowjetunion und die wirtschaftlichen Vorzüge größerer Integration erinnerten. Dieser Prozess wurde durch seinen eigenen Erfolg verstärkt, und als die Sowjetunion zerfiel, erhielt er durch die Aussicht auf die deutsche Wiedervereinigung einen mächtigen Schub.

Deutschland erkannte, dass es nur im Kontext einer größeren europäischen Integration wiedervereinigt werden konnte, und es war bereit, diesen Preis zu bezahlen. Da die Deutschen dadurch zu der Versöhnung widerstreitender nationaler Interessen beitrugen, dass sie zu Zugeständnissen bereit waren, erreichte die europäische Integration mit dem Vertrag von Maastricht und der Einführung des Euros ihren Höhepunkt.

Der Euro war jedoch eine mängelbehaftete Währung: Er hatte eine Notenbank, aber kein Finanzministerium. Seine Architekten waren sich seiner Unzulänglichkeit vollkommen bewusst. Sie dachten aber, sobald Bedarf bestünde, könnten sie den politischen Willen für den nächsten Schritt nach vorn aufbringen.

Aber das passierte nicht, weil der Euro noch andere Unzulänglichkeiten aufwies, deren sich seine Architekten nicht bewusst waren. Sie agierten in der irrigen Meinung, die Finanzmärkte könnten ihre Exzesse selbst korrigieren, und deshalb waren die Regeln so gestaltet, dass sie nur die Exzesse des öffentlichen Sektors zügelten. Und selbst dort bauten sie zu sehr darauf, dass sich die souveränen Staaten selbst zur Ordnung rufen würden.

Doch traten die Exzesse hauptsächlich im privaten Sektor auf, denn die Zinskonvergenz erzeugte wirtschaftliche Divergenzen. Die niedrigeren Zinsen der schwächeren Länder speisten Häuserblasen, während das stärkste Land – Deutschland – seinen Gürtel enger schnallen musste, um die Bürde der Wiedervereinigung zu bewältigen. Unterdessen wurde der Finanzsektor durch die Ausbreitung unsolider Finanzinstrumente und schlechter Kreditvergabepraktiken massiv gefährdet.

Nachdem Deutschland wiedervereinigt war, kam der hauptsächliche Schwung des Integrationsprozesses zum Erliegen. Und dann entfesselte die Finanzkrise einen Desintegrationsprozess. Der entscheidende Moment kam, als Lehman Brothers pleitegegangen war und die staatlichen Autoritäten garantieren mussten, dass sie kein weiteres systemisch wichtiges Finanzinstitut mehr würden bankrottgehen lassen. Die deutsche Kanzlerin Angela Merkel bestand darauf, dass es keine gemeinsame EU-Bürgschaft geben, sondern dass sich jedes Land um seine eigenen Institutionen kümmern sollte. Dies war die Grundursache der jetzigen Eurokrise.

Die Finanzkrise zwang souveräne Staaten, die zusammengebrochene Bonität durch ihre eigene zu ersetzen. Dies musste jeder europäische Staat für sich leisten, wodurch die Kreditwürdigkeit europäischer Staatsanleihen infrage gestellt wurde. Die Risikoprämien wuchsen und die Eurozone teilte sich in Gläubiger- und Schuldnerländer auf. Deutschland machte eine 180-Grad-Wende und wurde von der treibenden Kraft der Integration zum Hauptgegner einer „Transferunion".

So entstand ein Europa der zwei Geschwindigkeiten, in dem die Schuldnerländer unter der Last ihrer Verbindlichkeiten versanken und die Überschussländer weiter ihren Weg gingen. Deutschland als größter Gläubiger konnte die Bedingungen für die Hilfen diktieren, durch welche die Schuldnerländer bestraft und in Richtung Insolvenz gedrängt wurden. Indes profitierte Deutschland von der Eurokrise, die den Wechselkurs drückte und seine Wettbewerbsfähigkeit noch weiter steigerte.

Als sich die Integration in Desintegration verwandelte, kehrte sich auch die Rolle des politischen Establishments um. Es war jetzt nicht mehr der Vorkämpfer der weiteren Vereinigung, sondern verteidigte den Status quo. Infolgedessen musste jeder, der den Status quo für nicht wünschenswert, für inakzeptabel oder untragbar hielt, eine antieuropäische Haltung einnehmen. Und während hoch verschuldete Länder in Richtung Insolvenz gedrängt werden, wächst die Zahl der Unzufriedenen weiter – ebenso wie die Unterstützung antieuropäischer Parteien wie der Wahren Finnen in Finnland.

Doch das politische Establishment Europas behauptet immer noch, es gebe keine Alternative zum Status quo. Die Finanzbehörden greifen auf immer verzweifeltere Maßnahmen zurück, um sich Zeit zu erkaufen. Aber die Zeit arbeitet gegen sie: Das Europa der zwei Geschwindigkeiten treibt die Mitgliedstaaten weiter auseinander. Griechenland steuert auf einen ungeordneten Bankrott und/oder eine Abwertung zu – mit unberechenbaren Folgen.

Wenn dieser scheinbar unvermeidliche Prozess aufgehalten und umgekehrt werden soll, müssen Griechenland und die Eurozone dringend einen Plan B umsetzen. Die Pleite Griechenlands mag unvermeidlich sein, aber sie braucht nicht ungeordnet zu verlaufen. Auch eine gewisse Ansteckung wird sich nicht vermeiden lassen – was mit Griechenland passiert, greift wahrscheinlich auf Portugal über, und auch Irlands Finanzlage könnte untragbar werden – und der Rest der Eurozone muss geschützt werden. Dies bedeutet eine Stärkung der Eurozone, für die wahrscheinlich die verbreitetere Verwendung von Eurobonds und ein System der Einlagensicherung für die gesamte Eurozone nötig sind.

Um den nötigen politischen Willen zu schaffen, könnte ein Plan B für die EU an sich nötig sein. Die europäische Elite muss zu den Prinzipien zurückkehren, die die Gründung der Union bestimmten. Sie muss anerkennen, dass unser Verständnis der Realität grundsätzlich unvollkommen ist, dass Wahrnehmungen zwangsläufig verzerrt und Institutionen mit Fehlern behaftet sind. Eine offene Gesellschaft betrachtet die herrschenden Arrangements nicht als sakrosankt. Wenn diese Arrangements fehlschlagen, lässt sie Alternativen zu.

Es dürfte möglich sein, in Europa eine schweigende Mehrheit hinter der Idee zu versammeln, dass man dann, wenn der Status quo unhaltbar wird, lieber nach einer europäischen Lösung als nach einzelstaatlichen Lösungen suchen sollte. Die „Wahren Europäer" sollten eigentlich zahlreicher sein als die Wahren Finnen und sonstige Antieuropäer in Deutschland und anderswo.

Deutschland muss den Euro verteidigen

Financial Times, 12. August 2011

Die Finanzmärkte verabscheuen Ungewissheit. Deshalb befinden sie sich jetzt im Krisenmodus. Die Regierungen der Eurozone haben zwar ein paar wesentliche Schritte in die richtige Richtung zur Lösung der Eurokrise unternommen, aber offensichtlich gingen sie nicht weit genug, um die Märkte zu beruhigen.

Auf dem Gipfel am 21. Juni haben die europäischen Regierungen eine Reihe Halbheiten beschlossen. Sie haben zwar prinzipiell entschieden, dass ihre neue Finanzbehörde – die Europäische Finanzstabilisierungsfazilität (EFSF) – für die Lösung von Solvenzproblemen zuständig sein soll, aber sie haben die EFSF nicht vergrößert. Das reichte nicht ganz, um eine glaubwürdige Finanzbehörde der Eurozone einzurichten. Außerdem tritt der neue Mechanismus frühestens ab September in Kraft. In der Zwischenzeit ist die Bereitstellung von Liquidität durch die Europäische Zentralbank die einzige Möglichkeit, zu verhindern, dass die Preise der von mehreren europäischen Ländern ausgegebenen Anleihen einbrechen.

In ähnlicher Weise erweiterten die Staatschefs der Eurozone zwar die Zuständigkeit der EFSF für die Solvenz von Banken, machten aber davor halt, die Bankenaufsicht von einzelstaatlichen Behörden auf eine europäische Behörde zu übertragen. Und sie boten Griechenland ein erweitertes Hilfspaket, ohne überzeugend zu argumentieren, dass die Rettung gelingen kann: Sie arrangierten die Rettung so, dass Anleiheinhaber am Griechenland-Rettungspaket teilnehmen, aber diese Vereinbarung kam den Banken mehr zugute als Griechenland.

Worüber man sich vielleicht die meisten Sorgen machen sollte: Europa hat zwar endlich das Prinzip anerkannt – dem der IWF schon lange folgt –, dass Länder, die sich in Rettungsprogrammen befinden, nicht über die Zinsen bestraft werden sollten. Dieses Prinzip wurde jedoch nicht auf Länder ausgeweitet, für die es noch keine Hilfsprogramme gibt. Infolgedessen mussten und müssen Spanien und Italien für ihre Kredite viel mehr bezahlen, als sie von Griechenland bekommen. Das gibt ihnen das Recht, aus der Griechenland-Rettung auszusteigen, und dadurch steigen die Aussichten, dass das Paket platzen könnte. Die Finanzmärkte haben diese Möglichkeit erkannt und die Risikoprämien für spanische und italienische Anleihen auf unhaltbare Niveaus erhöht. Die Intervention der EZB hat zwar geholfen, aber das Problem nicht behoben.

Die Situation wird unerträglich. Die Politiker wollen sich Zeit erkaufen, aber die Zeit geht ihnen aus. Die Krise strebt schnell auf einen Höhepunkt zu.

Deutschland und die anderen Mitglieder der Eurozone, die ein AAA-Rating haben, müssen entscheiden, ob sie bereit sind, ihre eigene Bonität zu riskieren, damit Spanien und Italien ihre Anleihen zu vernünftigen Zinsen finanzieren können. Andernfalls werden Spanien und Italien unweigerlich in Hilfsprogramme gedrängt. Kurz gesagt müssen Deutschland und die anderen Länder mit AAA-Anleihen der Einführung von Eurobonds auf die eine oder andere Art zustimmen. Andernfalls bricht der Euro zusammen.

Man sollte sich klarmachen, dass ein ungeregelter Staatsbankrott oder der Austritt aus der Eurozone selbst eines kleinen Landes wie

Griechenland eine Bankenkrise auslösen würde, die mit derjenigen vergleichbar wäre, die die Große Depression auslöste. Jetzt stellt sich nicht mehr die Frage, ob es sich lohnt, eine gemeinsame Währung zu haben. Der Euro existiert und sein Kollaps würde dem Bankensystem unkalkulierbare Verluste bescheren. Somit ist die Wahl, vor der Deutschland steht, eher scheinbar als real – und sie wird umso kostspieliger, je länger Deutschland zögert, sie zu treffen.

Der Ursprung der Eurokrise liegt in der Entscheidung der deutschen Kanzlerin Angela Merkel nach dem Bankrott von Lehman Brothers im September 2008, dass nicht die Europäische Union gegen weitere Bankrotte bürgen sollte, sondern die einzelnen Länder für sich. Und Deutschlands Zögern verschlimmerte auch die Krise Griechenlands und verursachte die Ansteckung, die sie zu einer für Europa existenziellen Krise machte.

Nur Deutschland kann die Dynamik der Desintegration in Europa umkehren. Das wird nicht ohne Reibungen ablaufen: Schließlich hat Merkel die öffentliche Stimmung in Deutschland richtig interpretiert, als sie ihre schicksalhafte Entscheidung traf, und seither ist die innenpolitische Stimmung für die Gewährung von Krediten an das restliche Europa noch unwirtlicher geworden.

Merkel kann den politischen Widerstand nur in einer Krisenatmosphäre und nur in kleinen Schritten überwinden. Der nächste Schritt ist wahrscheinlich die Ausweitung der EFSF, aber bis dieser Schritt unternommen wird, könnte das AAA-Rating von Frankreich bereits gefährdet sein. Tatsächlich könnte zu dem Zeitpunkt, zu dem Deutschland der Einführung von Eurobonds zustimmt, sogar sein eigener AAA-Status in Gefahr sein.

Europa kann aus dieser Falle nur dadurch entkommen, dass es im Vorgriff auf die Reaktionen der Finanzmärkte handelt, anstatt nachträglich ihrem Druck nachzugeben. Dafür wären intensive Debatten und Selbstanalysen nötig, und zwar insbesondere in Deutschland, das als größte und kreditwürdigste Volkswirtschaft Europas in die Position gedrängt worden ist, über die Zukunft Europas zu entscheiden.

Diese Rolle wollte Deutschland unbedingt vermeiden, und es ist auch jetzt nicht willens, sie zu akzeptieren. Aber in Wirklichkeit hat Deutschland gar keine Wahl. Ein Zusammenbruch des Euros würde eine Bankenkrise lostreten, die von den globalen Finanzbehörden nicht mehr unter Kontrolle gebracht werden könnte. Je länger Deutschland braucht, um dies zu erkennen, einen umso höheren Preis wird es dafür bezahlen müssen.

DREI SCHRITTE ZUR LÖSUNG DER EUROZONEN-KRISE

Financial Times, 15. August 2011

Eine umfassende Lösung der Eurokrise braucht drei Hauptbestandteile: eine Reform und Rekapitalisierung des Bankensystems; die Einführung von Eurobonds; einen Ausstiegsmechanismus.

Zunächst zum Bankensystem: Der Maastricht-Vertrag der Europäischen Union war dafür gedacht, Ungleichgewichte im öffentlichen Sektor zu beheben, aber im Bankensektor waren die Exzesse viel gravierender. Die Einführung des Euros führte in Ländern wie Spanien und Irland zu Immobilienbooms. Die Banken der Eurozone gehörten bald zu den am stärksten überschuldeten der Welt und sie benötigen nach wie vor Schutz vor Kontrahentenrisiken.

Ein erster Schritt wurde gemacht, indem der europäische Stabilitätsfonds die Genehmigung bekam, Banken zu retten. Jetzt muss noch die Kapitalausstattung der Banken stark erhöht werden. Wenn eine Behörde für die Zahlungsfähigkeit der Banken bürgt, muss sie sie auch beaufsichtigen. Eine mächtige europäische Bankenbehörde könnte die inzestuöse Beziehung zwischen Banken und Regulatoren beenden und würde gleichzeitig weniger in die Souveränität der Staaten eingreifen als das Diktat ihrer Steuerpolitik.

Zweitens braucht Europa Eurobonds. Die Einführung des Euros sollte eigentlich die Konvergenz stärken, aber in Wirklichkeit hat er Divergenzen geschaffen und es bestehen stark unterschiedliche Niveaus der Verschuldung und der Wettbewerbsfähigkeit. Wenn hoch verschuldete Länder hohe Risikoprämien bezahlen müssen, werden ihre Schulden untragbar. Das geschieht gerade. Die Lösung liegt auf der Hand: Defizitäre Länder müssen ihre Schulden zu den gleichen Bedingungen refinanzieren dürfen wie Länder mit Überschuss.

Das erreicht man am besten durch Eurobonds, die von allen Mitgliedstaaten gemeinsam verbürgt wären. Das Prinzip ist zwar klar, aber an den Details muss noch intensiv gefeilt werden. Welche Behörde sollte mit ihrer Ausgabe betraut werden und an welche Vorschriften würde sie sich halten?

Vermutlich würden die Eurobonds unter der Kontrolle der Finanzminister der Eurozone stehen. Der Rat würde das fiskalische Gegenstück zur Europäischen Zentralbank darstellen und er wäre auch das europäische Gegenstück zum Internationalen Währungsfonds. Deshalb würde es Debatten um die Stimmrechte geben. Die EZB funktioniert nach dem Prinzip eine Stimme pro Land und der IWF verteilt die Rechte nach den Beiträgen der Länder. Was sollte sich durchsetzen? Ersteres könnte Schuldnern einen Freibrief für Defizite ausstellen und Letzteres könnte ein Europa der zwei Geschwindigkeiten festschreiben. Ein Kompromiss ist gefragt.

Da das Schicksal Europas von Deutschland abhängt und da Eurobonds die Kreditwürdigkeit Deutschlands in Gefahr bringen, muss ein etwaiger Kompromiss Deutschland ans Ruder lassen. Leider hat Deutschland krude Vorstellungen von makroökonomischer Wirtschaftspolitik und will, dass Europa seinem Beispiel folgt. Aber was für Deutschland funktioniert, kann nicht auch für den Rest Europas funktionieren: Kein Land kann einen chronischen Außenhandelsüberschuss fahren, wenn nicht andere Defizite haben. Deutschland muss Regeln zustimmen, an die sich auch andere halten können.

Diese Regeln müssen einen schrittweisen Abbau der Verschuldung bewirken. Außerdem müssen sie Ländern mit hoher Arbeitslosigkeit, zum Beispiel Spanien, Haushaltsdefizite gestatten. Wichtig ist auch, dass sie für Überarbeitungen und Verbesserungen offen sind.

Der Brüsseler Thinktank Bruegel hat vorgeschlagen, dass Eurobonds 60 Prozent der Auslandsschulden von Mitgliedern der Eurozone stellen sollten. Aber angesichts der hohen Risikoprämien, die in Europa vorherrschen, ist dieser Anteil zu gering, um für gleiche Wettbewerbsbedingungen zu sorgen. Meiner Ansicht nach sollten alle Neubegebungen vollständig in Eurobonds erfolgen, und zwar bis zu einem vom Rat festgelegten Limit.

Je höher das Aufkommen an Eurobonds, die ein Land ausgeben möchte, umso strengere Auflagen würde der Rat verlangen. Der Rat sollte seinen Willen durchsetzen können, denn die Verweigerung des Rechts, zusätzliche Eurobonds zu begeben, dürfte äußerst abschreckend wirken.

Das führt uns direkt zum dritten ungelösten Problem: Was passiert, wenn ein Land nicht willens oder in der Lage ist, die vereinbarten Bedingungen einzuhalten? Die Unfähigkeit, Eurobonds zu begeben, könnte dann in einer ungeordneten Insolvenz oder Abwertung resultieren. Wenn es keinen Ausstiegsmechanismus gibt, könnte das katastrophal sein. Einer Abschreckung, die zu gefährlich ist, um sie zu aktivieren, fehlt es an Glaubwürdigkeit.

Griechenland ist ein warnendes Beispiel und viel hängt davon ab, wie seine Krise ausgeht. Möglicherweise könnte man sich für ein kleines Land wie Griechenland einen geordneten Ausstieg ausdenken, den man für ein großes Land wie Italien nicht anwenden könnte. Wenn es keinen geordneten Ausstieg gibt, müsste das Regelwerk Sanktionen beinhalten, denen man nicht entrinnen kann – eine Art europäisches Finanzministerium, das sowohl politisch als auch finanziell legitimiert ist. Dies könnte sich nur aus dem tief greifenden Umdenken über den Euro ergeben, das (vor allem in Deutschland) so dringend nötig ist.

Die Finanzmärkte gewähren wohl nicht die Atempause, die erforderlich wäre, um diese neuen Arrangements einzuführen. Wenn der Druck der Märkte anhält, muss der Europäische Rat vielleicht eine Überbrückungslösung finden, um eine Katastrophe zu vermeiden.

Er könnte der EZB bis zur Einführung eines Eurobond-Regelwerks die Erlaubnis geben, Staaten Geld zu leihen, die sich keines leihen können. Aber sicher ist nur eines: Wenn der Euro eine tragfähige Währung sein soll, müssen diese Probleme gelöst werden.

HAT DER EURO EINE ZUKUNFT?

New York Review of Books, 15. September 2011

Die Eurokrise ist eine unmittelbare Folge des Crashs 2008. Als Lehman Brothers pleiteging, begann das gesamte Finanzsystem zusammenzubrechen und musste an die künstliche Lebenserhaltung angeschlossen werden. Das fand in der Form statt, dass die zusammengebrochenen Bank- und sonstigen Kredite durch staatliche Kredite ersetzt wurden. Die europäischen Finanzminister garantierten auf einem denkwürdigen Gipfel im November 2008, sie würden es nicht zulassen, dass weitere Finanzinstitute, die für das Funktionieren des Finanzsystems von Bedeutung sind, bankrottgehen. Die Vereinigten Staaten folgten ihrem Beispiel.

Dann verkündete Angela Merkel, dass die Bürgschaft durch jeden europäischen Staat einzeln erfolgen sollte und dass nicht die Europäische Union oder die Eurozone gemeinsam handeln sollten. Dies legte den Keim für die Eurokrise, denn es enthüllte und aktivierte eine versteckte Schwäche in der Konstruktion des Euros: das Fehlen eines gemeinsamen Finanzministeriums. Die Krise selbst brach dann mehr als ein Jahr später im Jahr 2010 aus.

Es gibt gewisse Ähnlichkeiten zwischen der Eurokrise und der Subprime-Krise, die den Crash 2008 ausgelöst hat. In beiden Fällen hat ein vermeintlich risikoloser Vermögenswert – 2008 besicherte Schuldpapiere (CDOs), die vor allem auf Hypothekendarlehen basierten, und jetzt europäische Staatsanleihen – einen Teil seines Wertes oder seinen gesamten Wert verloren.

Leider ist die Eurokrise schwerer zu bewältigen. Im Jahr 2008 waren die US-Finanzbehörden, die für die Reaktion auf die Krise nötig waren, zur Stelle. In der Eurozone muss eine dieser Behörden, nämlich das gemeinsame Finanzministerium, erst noch ins Leben gerufen werden. Dafür ist ein politischer Prozess erforderlich, an dem mehrere souveräne Staaten beteiligt sind. Dies hat dazu geführt, dass das Problem so gravierend wurde. Es fehlte von vornherein an dem politischen Willen, ein gemeinsames europäisches Finanzministerium zu schaffen. Und seit der Zeit, als der Euro geschaffen wurde, hat der politische Zusammenhalt der Europäischen Union stark nachgelassen. Infolgedessen gibt es für die Eurokrise keine auf der Hand liegende Lösung. In Ermangelung einer solchen versuchen die Verantwortlichen, sich Zeit zu erkaufen.

In einer gewöhnlichen Finanzkrise funktioniert diese Taktik: Im Laufe der Zeit flaut die Panik ab und das Vertrauen kehrt zurück. Aber in diesem Fall arbeitet die Zeit gegen die offiziellen Stellen. Da der politische Wille fehlt, werden die Probleme weiterhin immer größer, während auch die Politik immer mehr vergiftet wird.

Um das politisch Unmögliche möglich zu machen, ist eine Krise nötig. Unter dem Druck einer Finanzkrise unternehmen die Politiker alle Schritte, die notwendig sind, um das System zusammenzuhalten, aber sie tun nur das Notwendigste, was die Finanzmärkte dann bald als unzureichend wahrnehmen. Und so führt eine Krise zur anderen. Somit ist Europa zu einer scheinbar endlosen Serie von Krisen verurteilt. Maßnahmen, die funktioniert hätten, wenn sie früher ergriffen worden wären, erweisen sich zu der Zeit, zu der sie politisch möglich werden, als unzureichend. Dies ist der Schlüssel zum Verständnis der Eurokrise.

Wo stehen wir jetzt in diesem Prozess? Die Umrisse der fehlenden Zutat, nämlich eines gemeinsamen Finanzministeriums, beginnen sich abzuzeichnen. Sie sind in der Europäischen Finanzstabilisierungsfazilität (EFSF) – auf die sich im Mai 2010 sieben EU-Mitgliedstaaten geeinigt haben – und in ihrem Nachfolger ab 2013, dem Europäischen Finanzierungsmechanismus (EFM), zu finden. Aber die EFSF ist nicht ausreichend mit Kapital ausgestattet und ihre Funktionen sind nicht ausreichend definiert. Sie soll einen Rettungsschirm für die gesamte Eurozone darstellen, wurde aber in Wirklichkeit auf die Finanzierung der Rettungspakete für drei kleine Länder zugeschnitten: Griechenland, Portugal und Irland. Für die Stützung größerer Länder wie Spanien oder Italien ist sie nicht groß genug. Auch war sie ursprünglich nicht dafür gedacht, die Probleme des Bankensystems zu bewältigen, auch wenn ihre Reichweite nachträglich auf Banken und souveräne Staaten ausgeweitet wurde. Ihr größter Mangel ist, dass sie ein reiner Mechanismus zur Mittelbeschaffung ist. Die Befugnis, das Geld auszugeben, verbleibt bei den Regierungen der Mitgliedstaaten. Dadurch wird die EFSF für die Reaktion auf eine Krise nutzlos. Sie muss Anweisungen von den Mitgliedsländern abwarten.

Verschlimmert wird die Situation noch durch eine kürzlich erfolgte Entscheidung des deutschen Verfassungsgerichts. Das Gericht befand zwar, dass die EFSF verfassungsgemäß ist, untersagte jedoch künftige Garantien zugunsten weiterer Staaten ohne vorherige Zustimmung durch den Haushaltsausschuss des Bundestags. Dies wird den Handlungsspielraum der deutschen Regierung in der Bewältigung künftiger Krisen stark einschränken.

Der Keim für die nächste Krise wurde bereits durch die Art gelegt, wie die Behörden auf die letzte Krise reagiert haben. Sie haben das Prinzip akzeptiert, dass Länder, die Hilfe bekommen, keine Strafzinsen bezahlen sollten, und sie haben die EFSF als Mittelbeschaffungsmechanismus für diesen Zweck eingerichtet. Hätten sie dieses Prinzip von Anfang an akzeptiert, wäre die Griechenlandkrise nicht so gravierend geworden. Doch so breitet sich die Ansteckung – in Form der zunehmenden Unfähigkeit, Staatsanleihen und andere Schulden zu bezahlen – auf Spanien und Italien aus, aber diese Länder dürfen sich nicht zu den niedrigeren Zinsen Geld leihen, die Griechenland als Zugeständnis gewährt werden.

Dies bringt sie auf einen Weg, durch den sie am Ende in der gleichen Notlage landen wie Griechenland. Im Falle Griechenlands ist die Schuldenlast inzwischen eindeutig untragbar. Den Anleihebesitzern wurde eine „freiwillige" Umschuldung angeboten, mit der sie niedrigere Zinsen und verzögerte oder verminderte Rückzahlungen akzeptieren würden. Aber es wurden keine Vorkehrungen für eine mögliche Insolvenz oder für das Ausscheiden aus der Eurozone getroffen.

Diese beiden Mängel – keine Zinszugeständnisse an Italien oder Spanien und keine Vorbereitung auf eine mögliche Insolvenz oder das Ausscheiden Griechenlands aus der Eurozone – werfen einen dunklen Schatten des Zweifels auf die Staatsanleihen der anderen Defizitländer und auf das Bankensystem der Eurozone, das mit solchen Anleihen beladen ist. Als Verlegenheitsmaßnahme sprang die Europäische Zentralbank (EZB) in die Bresche, indem sie am Markt spanische und italienische Anleihen aufkaufte. Aber das ist keine tragfähige Lösung. Das Gleiche hatte die EZB auch für Griechenland gemacht, was aber nicht verhinderte, dass die Verschuldung Griechenlands untragbar wurde. Wenn Italien mit seiner Verschuldung von 108 Prozent des BIPs und seinem Wachstum von weniger als einem Prozent auf Kredite Risikoprämien von drei Prozent oder mehr bezahlen müsste, würden seine Schulden auch untragbar werden.

Die frühere Entscheidung der EZB, griechische Anleihen zu kaufen, war höchst umstritten. Das deutsche EZB-Ratsmitglied Axel Weber trat aus Protest aus dem Rat aus. Diese Intervention verwischte die Grenze zwischen Währungs- und Finanzpolitik, aber von einer Zentralbank wird erwartet, dass sie alles Nötige für den Erhalt des Finanzsystems tut. Dies gilt besonders in Abwesenheit einer Finanzbehörde. Danach führte die Kontroverse dazu, dass sich die EZB eisern gegen eine Restrukturierung der griechischen Schulden stellte – wodurch neben anderen Maßnahmen die Rückzahlungsfrist verlängert würde. Dadurch wurde die EZB von einem Retter des Systems zu einem Quertreiber.

Die EZB hat sich durchgesetzt: Die EFSF hat der EZB das Risiko eines möglichen Zahlungsausfalls auf griechische Anleihen abgenommen.

Die Lösung dieses Disputs erleichterte es wiederum der EZB, ihr derzeitiges Aufkaufprogramm für italienische und spanische Anleihen zu starten, die im Gegensatz zu den griechischen nicht im Begriff stehen, auszufallen. Trotzdem stieß diese Entscheidung auf den gleichen internen Widerstand Deutschlands wie die vorherige Intervention für die griechischen Anleihen. Jürgen Stark, der Chefvolkswirt der EZB, schied am 9. September aus dem Amt aus. Auf jeden Fall muss der Umfang der derzeitigen Intervention begrenzt werden, denn die Kapazitäten der EFSF, Hilfe zu gewähren, sind durch die Rettungsaktionen, die bereits in Griechenland, Portugal und Irland laufen, schon so gut wie erschöpft.

In der Zwischenzeit fällt es dem griechischen Staat immer schwerer, die Bedingungen zu erfüllen, die ihm das Hilfsprogramm auferlegt. Die Troika, die das Programm beaufsichtigt – die EU, der IWF und die EZB –, ist nicht zufrieden. Die griechischen Banken haben die letzte Auktion von Staatsanleihen nicht vollständig gezeichnet und dem griechischen Staat gehen die Mittel aus.

Unter solchen Umständen könnten eine geordnete Insolvenz und ein vorübergehender Rückzug aus der Eurozone einem langwierigen Todeskampf vorzuziehen sein. Aber dafür wurden keine Vorbereitungen getroffen. Eine ungeordnete Insolvenz könnte Kernschmelze ähnlich der nach dem Bankrott von Lehman Brothers auslösen, aber diesmal fehlen die Autoritäten, die für ihre Eindämmung nötig wären.

Da ist es kein Wunder, dass die Finanzmärkte von Furcht ergriffen werden. Die Risikoprämien, die beim Kauf von Staatsanleihen bezahlt werden müssen, steigen, und die Aktienkurse purzeln, allen voran die der Bank-Aktien, und sogar der Euro ist kürzlich nach unten aus seinem Schwankungsbereich ausgebrochen. Die Volatilität der Märkte erinnert an den Crash 2008.

Leider wurde die Fähigkeit der Finanzbehörden, die nötigen Maßnahmen zur Eindämmung der Krise einzuleiten, durch die jüngste Entscheidung des Bundesverfassungsgerichts stark eingeschränkt.

Es scheint, als hätten die Verantwortlichen mit ihrer Politik, mit der sie das Problem vor sich herschieben, das Ende der Fahnenstange erreicht. Selbst wenn eine Katastrophe abgewendet werden kann, ist eines sicher: Der Druck zur Verminderung der Defizite wird die Eurozone in eine langwierige Rezession drängen. Dies wird unabsehbare politische Konsequenzen haben. Die Eurokrise könnte den politischen Zusammenhalt der Europäischen Union gefährden.

Aus diesem düsteren Szenario gibt es so lange kein Entkommen, wie die Verantwortlichen an ihrem derzeitigen Kurs festhalten. Sie könnten diesen Kurs aber auch ändern. Sie könnten anerkennen, dass sie das Ende der Fahnenstange erreicht haben, und radikal anders an die Sache herangehen. Anstatt hinzunehmen, dass keine Lösung in Sicht ist, und zu versuchen, Zeit zu kaufen, könnten sie zuerst eine Lösung suchen und dann einen Pfad finden, der dahin führt. Der Pfad, der zu einer Lösung führt, muss in Deutschland gefunden werden, das als größter und am höchsten gerateter Gläubiger der EU in die Position gedrängt wird, über die Zukunft Europas zu entscheiden.

Ich schlage vor, diesen Ansatz zu untersuchen.

Um eine Krise zu lösen, in der das Unmögliche möglich wird, muss man über das Undenkbare nachdenken. So ist es zunächst einmal geboten, sich in den Fällen Griechenland, Portugal und vielleicht auch Irland auf die Möglichkeit eines Staatsbankrotts und eines Ausstiegs aus der Eurozone vorzubereiten.

Um eine finanzielle Kernschmelze zu verhindern, müssten vier Maßnahmenbündel ergriffen werden.

Erstens müssen die Bankeinlagen geschützt werden. Wenn ein Euro, der bei einer griechischen Bank eingelegt ist, für den Einleger verloren wäre, dann wäre ein bei einer italienischen Bank eingelegter Euro weniger wert als ein Euro auf einer deutschen oder niederländischen Bank und es würde zu einem Run auf die Banken der anderen Defizitländer kommen. Zweitens müssen einige Banken in den Bankrottländern funktionsfähig gehalten werden, damit nicht die Wirtschaft zusammenbricht. Drittens müsste das europäische Bankensystem rekapitalisiert und unter europäische Aufsicht statt nationale

Aufsicht gestellt werden. Viertens müssten die Staatsanleihen anderer Defizitländer vor einer Ansteckung geschützt werden. Die beiden letzten Anforderungen würden sogar dann gelten, wenn kein Land bankrottgehen würde.

All das würde Geld kosten. Nach den bestehenden Vereinbarungen ist kein Geld mehr vorhanden und das Urteil des Bundesverfassungsgerichts lässt keine neuen Vereinbarungen ohne Zustimmung des Bundestags zu. Es gibt keine Alternative zur Geburt der fehlenden Zutat: eines europäischen Finanzministeriums mit der Befugnis, Steuern zu erheben und sich somit auch Geld zu leihen. Dafür wäre ein neuer Vertrag erforderlich, der die EFSF in ein ausgewachsenes Finanzministerium verwandeln würde.

Dies würde besonders in Deutschland einen radikalen Sinneswandel voraussetzen. Die deutsche Öffentlichkeit meint immer noch, sie hätte die Wahl, ob sie den Euro unterstützen oder aufgeben soll. Das ist ein Fehler. Der Euro existiert und die Guthaben und die Verbindlichkeiten des Finanzsystems sind aufgrund der gemeinsamen Währung derart miteinander verwoben, dass ein Zusammenbrechen des Euros eine Kernschmelze nach sich ziehen würde, die über die Eindämmungskapazitäten der staatlichen Behörden hinausgehen würde. Je länger die deutsche Öffentlichkeit braucht, das zu begreifen, umso höher wird der Preis, den sie und der Rest der Welt bezahlen müssen.

Die Frage ist, ob man die deutsche Öffentlichkeit mit diesem Argument überzeugen kann. Angela Merkel mag zwar nicht in der Lage sein, ihre eigene Koalition zu überzeugen, aber sie sollte auf die Opposition zurückgreifen. Wenn sie die Eurokrise gelöst hätte, bräuchte sie weniger Angst vor den nächsten Wahlen zu haben.

Die Tatsache, dass Vorkehrungen für den möglichen Staatsbankrott oder den Ausstieg der erwähnten drei kleinen Länder getroffen würden, bedeutet nicht, dass sie aufgegeben würden. Im Gegenteil würde die Möglichkeit einer geordneten Insolvenz – bezahlt von den anderen Ländern der Eurozone und vom IWF – Griechenland und Portugal Wahlmöglichkeiten bieten. Außerdem würde dies den Teufelskreis durchbrechen, der jetzt alle Defizitländer bedroht: Die Sparpolitik schwächt ihre Wachstumsaussichten, was dazu führt, dass die Anleger enorm hohe Zinsen fordern, was wiederum die Regierungen zwingt, die Ausgaben noch weiter zu kürzen.

Wenn sie den Euro verlassen würden, fiele es ihnen leichter, wieder wettbewerbsfähig zu werden. Wenn sie jedoch bereit sind, die notwendigen Opfer zu bringen, könnten sie auch drinbleiben. In beiden Fällen würde die EFSF die Bankeinlagen schützen und der IWF würde dem Bankensystem bei der Rekapitalisierung helfen. Dadurch würden diese Länder aus der Falle entkommen, in der sie derzeit stecken. Es würde den Interessen der Europäischen Union widersprechen, wenn sie es zulassen würde, dass diese Länder kollabieren und das globale Bankensystem mit sich reißen.

Es steht mir nicht zu, die Details des neuen Vertrags zu formulieren. Das müssen die Mitgliedsländer beschließen. Aber die Gespräche sollten sofort beginnen, denn selbst unter dem extremen Druck wird es lange dauern, bis sie zum Abschluss kommen. Sobald sich der Europäische Rat auf den Grundsatz geeinigt hat, ein europäisches Finanzministerium einzurichten, könnte er der EZB erlauben, in die Bresche zu springen, und sie im Voraus gegen das Insolvenzrisiko absichern. Das ist die einzige Möglichkeit, einer möglichen finanziellen Kernschmelze und einer weiteren Großen Depression vorzubauen.

WIE MAN EINE ZWEITE GROSSE DEPRESSION AUFHALTEN KANN

Financial Times, 29. September 2011

Die Finanzmärkte treiben die Welt auf eine weitere Große Depression mit unkalkulierbaren politischen Folgen zu. Insbesondere in Europa haben die staatlichen Stellen die Kontrolle über die Situation verloren. Sie müssen die Kontrolle zurückgewinnen, und zwar jetzt.

Dafür sind drei gewagte Schritte notwendig. Erstens müssen sich die Staaten der Eurozone im Prinzip auf die Einrichtung eines gemeinsamen europäischen Finanzministeriums einigen. Zwischenzeitlich müssen die größten Banken der Leitung der Europäischen Zentralbank unterstellt werden – im Austausch gegen eine vorübergehende Garantie und eine dauerhafte Rekapitalisierung. Die EZB würde die Banken so steuern, dass sie ihre Kreditlinien und ihre ausstehenden Darlehen behalten, aber gleichzeitig würde sie die Risiken genau überwachen, die sie auf eigene Rechnung eingehen. Drittens würde es die EZB Ländern wie Italien und Spanien ermöglichen, ihre Schulden sehr günstig zu refinanzieren. Diese Schritte würden die Märkte beruhigen und Europa Zeit für die Entwicklung einer Wachstumsstrategie geben, ohne die das Schuldenproblem nicht gelöst werden kann.

Und so würde es funktionieren: Da es lange dauern würde, in der Eurozone einen Vertrag über die Einrichtung eines gemeinsamen Finanzministeriums zu schließen, müssten die Mitgliedstaaten einstweilen an die EZB appellieren, das Vakuum zu füllen. Der Europäische Finanzstabilisierungsfonds wird zwar immer noch gebildet, aber in seiner gegenwärtigen Form ist der neue Vertrag nur eine Quelle von Mitteln – wie die Mittel verwendet werden, ist den Mitgliedstaaten überlassen. Um die EFSF in die Lage zu versetzen, mit der Europäischen Zentralbank zusammenzuarbeiten, wäre eine neu zu schaffende zwischenstaatliche Behörde erforderlich. Diese müsste vom deutschen Bundestag und vielleicht auch von den Gesetzgebern anderer Länder legitimiert werden.

Die unmittelbare Aufgabe besteht darin, die nötigen Sicherheitsvorkehrungen gegen die Ansteckung durch einen möglichen Staatsbankrott Griechenlands einzurichten. Es gibt zwei verwundbare Gruppen, die geschützt werden müssen – die Banken und die Staatsanleihen von Ländern wie Spanien und Italien. Diese beiden Aufgaben könnten folgendermaßen bewältigt werden.

Die EFSF würde in erster Linie für die Verbürgung und Rekapitalisierung der Banken eingesetzt werden. Die systemrelevanten Banken müssten eine Vereinbarung mit der EFSF unterzeichnen, wonach sie sich an die Anweisungen der EZB halten, solange die Bürgschaften gelten. Banken, welche die Unterzeichnung verweigern würden, bekämen keine Bürgschaft. Dann würde die Europäische Zentralbank die Banken anweisen, ihre Kreditlinien und Darlehensportfolios beizubehalten und gleichzeitig die Risiken, die sie auf eigene Rechnung eingehen, genau überwachen. Diese Vereinbarung würde die intensive Entschuldung aufhalten, die eine Hauptursache der Krise ist. Die Durchführung der Rekapitalisierung würde den Anreiz zum Schuldenabbau beseitigen. Dann könnte die Sicherheitsgarantie wieder zurückgezogen werden.

Zur Entlastung der Staatsanleihen von Ländern wie Italien würde die EZB ihren Diskontsatz senken. Dann würde sie die betroffenen Länder dadurch anspornen, sich vollständig selbst zu finanzieren, dass sie kurzfristige Staatsanleihen ausgeben und die Banken ermuntern würde, sie zu kaufen. Die Banken könnten diese kurzfristigen Anleihen bei der EZB rediskontieren, würden dies aber so lange nicht tun, wie sie daran mehr verdienen würden als an Bareinlagen. Somit könnten sich Italien und die anderen Länder während dieser Notfallperiode für rund ein Prozent im Jahr refinanzieren. Allerdings wären die betroffenen Länder einer strikten Disziplin unterworfen, denn wenn sie über die vereinbarten Grenzen hinausgehen würden, würde die Fazilität zurückgezogen werden. Weder die EZB noch die EFSF würden dann weitere Anleihen am Markt kaufen und zulassen, dass der Markt die Risikoprämien festlegt. Sobald die Prämien wieder auf eher normale Niveaus zurückgekehrt wären, würden die betroffenen Länder beginnen, Anleihen mit längerer Laufzeit zu begeben.

Diese Maßnahmen würden es ermöglichen, dass Griechenland bankrottgeht, ohne eine globale Kernschmelze zu verursachen. Das heißt aber nicht, dass Griechenland in den Bankrott gezwungen würde. Wenn Griechenland seine Ziele erfüllt, könnte die EFSF eine „freiwillige" Umschuldung zu beispielsweise 50 Cent auf den Euro garantieren. Die EFSF hätte dann noch genug Geld übrig, um für die europäischen Banken zu bürgen und sie zu rekapitalisieren, und die Rekapitalisierung der griechischen Banken bliebe dem IWF überlassen. Wie es Griechenland unter diesen Umständen ergehen würde, bliebe den Griechen überlassen.

Ich glaube, diese Schritte würden die akute Phase der Eurokrise beenden, indem sie ihre beiden Hauptursachen stark dämpfen und die Märkte dahingehend beruhigen würde, dass eine längerfristige Lösung absehbar ist. Die längerfristige Lösung wäre allerdings komplizierter, weil das von der EZB auferlegte Regime keinen Spielraum für steuerliche Anreize lassen würde und weil das Schuldenproblem ohne Wachstum nicht gelöst werden kann. Die Schaffung praktikabler fiskalischer Vorschriften für den Euro würde in den Vertragsverhandlungen erfolgen.

Hinter verschlossenen Türen wird noch über viele andere Vorschläge diskutiert. Die meisten versuchen, die EFSF zu hebeln, indem sie sie in eine Bank oder in eine Versicherung verwandeln oder indem sie eine Zweckgesellschaft einsetzen. Zwar dürften alle diese Vorschläge vorläufige Erleichterung bringen, aber die nachfolgende Enttäuschung könnte die Märkte über den Abgrund stoßen. Wahrscheinlich werden die Märkte unzulängliche Vorschläge durchschauen, vor allem wenn sie gegen Artikel 123 des Vertrags von Lissabon verstoßen, der von meinem Vorschlag peinlich genau eingehalten wird. Dabei könnte eine Form der Hebelung nützlich für die Rekapitalisierung der Banken sein.

Für die hier skizzierte Vorgehensweise ist es nicht nötig, die EFSF zu hebeln oder zu vergrößern, aber sie ist radikaler, weil sie die Banken unter die Kontrolle Europas stellt. Dies dürfte sowohl bei den Banken als auch bei den nationalen Behörden Widerspruch hervorrufen. Nur öffentlicher Druck kann zur Umsetzung führen.

EINE WEGBESCHREIBUNG DURCH
DAS MINENFELD EUROZONE

Financial Times, 13. Oktober 2011

Am Mittwoch hat eine Gruppe von fast 100 prominenten Europäern den Regierungschefs aller 17 Länder der Eurozone einen offenen Brief zukommen lassen. In dem Brief stand mit vielen Worten, was die europäischen Regierungschefs inzwischen offenbar begriffen haben: Sie können das Problem nicht immer weiter vor sich herschieben. Der Weg, auf dem sie es vor sich herschieben, wurde vom deutschen Bundesverfassungsgericht blockiert. Den europäischen Stabilitätsfonds hält es zwar für verfassungsgemäß, aber es hat verkündet, dass keine weiteren Transfers mehr ohne Zustimmung des Bundestags zulässig sind. Außerdem haben die Regierungschefs begriffen, dass es nicht ausreicht, wenn sie dafür sorgen, dass die Staaten ihre Schulden zu vernünftigen Zinsen finanzieren können, sondern dass sie auch im Hinblick auf das Bankensystem etwas tun müssen.

Da die Banken der Eurozone mit der Aussicht konfrontiert sind, sich in einer Zeit zusätzliches Kapital beschaffen zu müssen, zu der ihre Aktien zu einem Bruchteil ihres Buchwerts gehandelt werden, haben sie einen mächtigen Anreiz, ihre Bilanzen zu verkleinern, indem sie Kreditlinien zurücknehmen und ihre Darlehensportfolios verkleinern. Die Probleme der Banken und der Staatsschulden verstärken einander gegenseitig. Die sinkenden Preise der Staatsanleihen haben die mangelnde Kapitalisierung der Banken ans Licht gebracht und die Aussicht, dass die Staaten die Rekapitalisierung finanzieren müssen, hat die Risikoprämien auf Staatsanleihen in die Höhe getrieben.

Jetzt warten die Finanzmärkte bange auf den nächsten Schachzug der Politiker. Griechenland braucht eindeutig eine geordnete Umschuldung, denn ein ungeordneter Bankrott könnte eine Kernschmelze auslösen. Der nächste Schachzug wird schicksalhafte Konsequenzen haben. Er wird die Märkte entweder beruhigen oder auf neue Extreme treiben.

Ich fürchte, dass die Staatschefs einige untaugliche Schritte in Betracht ziehen. Sie sprechen darüber, das Bankensystem zu rekapitalisieren, anstatt für es zu bürgen. Sie wollen das Land für Land machen, nicht für die Gesamtheit der Eurozone. Das hat einen guten Grund. Deutschland will nicht die Rekapitalisierung der französischen Banken bezahlen. Zwar ist Angela Merkels Beharrlichkeit berechtigt, aber sie treibt sie in die falsche Richtung.

Lassen Sie mich den schmalen Weg genauer abstecken, der es Europa ermöglichen würde, das Minenfeld zu durchqueren. Das Bankensystem braucht erst eine Bürgschaft und später eine Kapitalaufstockung. Die einzelnen Staaten können sich eine Rekapitalisierung der Banken im Moment nicht leisten. Dann würden ihre Mittel nämlich nicht mehr für die Bewältigung der Staatsschuldenkrise reichen. Wenn die Krise abgeflaut ist und sowohl die Staatsanleihen als auch die Bank-Aktien wieder auf eher normale Niveaus zurückgekehrt sind, kostet es die Staaten viel weniger, die Banken zu rekapitalisieren.

Allerdings können die Staaten eine glaubhafte Bürgschaft stellen, weil sie die Macht haben, Steuern zu erheben. Um diese Macht zu mobilisieren, ist eine neue rechtsverbindliche Vereinbarung für die Eurozone notwendig, deren Aushandlung und Ratifizierung Zeit brauchen wird. Um das klarzustellen: Ich spreche hier nicht von einer Änderung des Lissabon-Vertrags, sondern von einer neuen Vereinbarung. Eine Vertragsänderung würde auf zu viele Hürden stoßen.

In der Zwischenzeit könnten die Mitgliedstaaten die Europäische Zentralbank – die anteilsmäßig bereits ihre Garantien genießt – bitten, in die Bresche zu springen.

Im Austausch gegen die Garantie müssten sich die großen Banken verpflichten, sich an die Anweisungen der EZB zu halten. Das ist zwar ein radikaler, aber unter den gegebenen Umständen notwendiger Schritt. Wenn die Notenbank auf Geheiß der Mitgliedstaaten handelt, hat sie genug Überzeugungskraft. Für Banken, die sich weigern, mitzumachen, könnte sie das Diskontfenster schließen, und die Regierungen könnten sie übernehmen.

Dann würde die EZB die Banken anweisen, ihre Kreditlinien und Darlehensportfolios beizubehalten, und gleichzeitig die Risiken streng überwachen, die sie auf eigene Rechnung eingehen. Dies würde eine der hauptsächlichen treibenden Kräfte der derzeitigen Turbulenzen ausschalten.

Die andere treibende Kraft – die mangelnde Finanzierung von Staatsschulden – könnte dadurch in den Griff bekommen werden, dass die EZB ihren Diskontsatz senkt, angeschlagene Länder dazu ermuntert, kurzfristige Staatsanleihen auszugeben, und die Banken dazu veranlasst, sie zu zeichnen. Diese kurzfristigen Anleihen könnten jederzeit an die EZB verkauft werden, sodass man sie als Bargeld betrachten könnte. Solange sie eine höhere Rendite hätten als Einlagen bei der EZB, würden es die Banken vorteilhaft finden, sie zu halten. Auf diese Art könnten die Staaten ihren Finanzierungsbedarf während dieser Notfallperiode innerhalb vereinbarter Grenzen zu sehr günstigen Kosten decken, wobei Artikel 123 des Vertrags von Lissabon nicht verletzt würde. Ich verdanke diese Idee Tommaso Padoa-Schioppa.

Diese Maßnahmen würden ausreichen, um die Märkte zu beruhigen und die akute Phase der Krise zu beenden. Die Rekapitalisierung der Banken müsste bis dahin warten. Nur diejenigen Löcher, die durch die Restrukturierung von Griechenlands Schulden gerissen werden, müssten sofort gestopft werden. Im Einklang mit den Forderungen Deutschlands würde das zusätzliche Kapital zunächst vom Markt und dann von den Einzelstaaten kommen. Die EFSF würde nur im Bedarfsfall hinzugezogen. Dies würde die Feuerkraft des Fonds bewahren.

Eine neue Vereinbarung für die Eurozone – ausgehandelt in einer ruhigeren Atmosphäre – sollte nicht nur die Praktiken kodifizieren, die während des Notfalls eingeführt wurden, sondern auch die Grundlage für eine Wachstumsstrategie bilden. Während der Notfallperiode sind Ausgabenkürzungen und Sparmaßnahmen unvermeidlich. Ohne langfristiges Wachstum wird die Schuldenlast jedoch untragbar – und dadurch auch die Europäische Union. Dies eröffnet eine ganz neue Reihe schwieriger, aber nicht unüberwindlicher Probleme.

EIN 7-PUNKTE-PLAN
ZUR RETTUNG DER EUROZONE

Financial Times, 25. Oktober 2011

1. Die Mitgliedstaaten der Eurozone stimmen hinsichtlich der Notwendigkeit eines neuen Vertrags, der zu gegebener Zeit ein gemeinsames Finanzministerium schafft, überein. Einstweilen bitten sie die Europäische Zentralbank, bei der Bewältigung der Finanzkrise mit der Europäischen Finanzstabilisierungsfazilität (EFSF) zusammenzuarbeiten – die EZB stellt Liquidität bereit und die EFSF übernimmt das Solvenzrisiko.

2. Dementsprechend übernimmt die EFSF die griechischen Anleihen im Besitz der EZB und des Internationalen Währungsfonds. Dadurch wird wieder eine Kooperation zwischen der EZB und den Staaten der Eurozone eingerichtet und es wird eine deutliche freiwillige Senkung von Griechenlands Verschuldung ohne Beteiligung der EFSF möglich.

3. Dann wird die EFSF benutzt, um für das Bankensystem zu bürgen, nicht für Staatsanleihen. Die Rekapitalisierung wird aufgeschoben und erfolgt immer noch auf einzelstaatlicher Basis, wenn es so weit ist. Das steht mit der deutschen Haltung

im Einklang und hilft Frankreich mehr als eine sofortige Rekapitalisierung.

4. Im Austausch gegen die Bürgschaft erklären sich die Großbanken bereit, Anweisungen der EZB entgegenzunehmen, die im Auftrag der Staaten handelt. Wer sich weigert, bekommt keinen Zugang mehr zum Diskontfenster der EZB.

5. Die EZB weist die Banken an, ihre Kreditlinien und Darlehensportfolios beizubehalten, und setzt Inspektoren ein, welche die Risiken kontrollieren, die die Banken auf eigene Rechnung eingehen. Dies beseitigt eine der Hauptursachen der aktuellen Kreditklemme und beruhigt die Finanzmärkte.

6. Zur Bewältigung des anderen Hauptproblems – dass nämlich manche Staaten keinen Kredit zu vernünftigen Zinsen bekommen – senkt die EZB den Diskontsatz, ermuntert die betreffenden Staaten, kurzfristige Schatzanleihen auszugeben, und ermuntert die Banken, ihre Liquidität in Form solcher Anleihen anstatt in Form von EZB-Einlagen vorzuhalten. Etwaige Käufe der EZB werden dadurch neutralisiert, dass die EZB eigene kurzfristige Anleihen ausgibt. Für das Solvenzrisiko bürgt die EFSF. Die EZB stellt ihre Käufe am freien Markt ein. All das versetzt Länder wie Italien in die Lage, sich kurzfristig zu sehr niedrigen Kosten Geld zu leihen, wobei die EZB weder den Staaten Geld leiht noch Geld druckt. Die Gläubigerländer können Italien indirekt zur Disziplin zwingen, indem sie kontrollieren, wie viel Kredit Rom auf diesem Weg aufnehmen kann.

7. Die Märkte werden von der Tatsache beeindruckt sein, dass die offiziellen Stellen gemeinsam handeln und genügend Mittel zur Verfügung haben. Bald wird Italien in der Lage sein, sich am Markt zu vernünftigen Zinsen Geld zu leihen. Die Banken können rekapitalisiert werden und die Mitgliedstaaten der Eurozone können sich in ruhigerer Atmosphäre auf eine gemeinsame Finanzpolitik einigen.

DIE EZB MUSS EINSCHREITEN, UM DIE EUROZONE ZU RETTEN

Financial Times, 21. November 2011

Gemeinsam verfasst mit Peter Bofinger, Professor für Volkswirtschaftslehre an der Universität Würzburg

Die derzeitigen Turbulenzen an den Anleihemärkten der Eurozone weisen frappierende Parallelen zu der Situation im Herbst 2008 auf. Damals hatten die Bankeinleger das Vertrauen in die Stabilität der Institutionen verloren, die ihre Vermögenswerte hielten, und die Gefahr eines Bank-Runs konnte nur durch umfassende staatliche Bürgschaften für alle Banken abgewendet werden. Heute erleben wir einen Bond-Run: Das Vertrauen der meisten staatlichen Kreditnehmer der Eurozone steckt in einer selbsterfüllenden Krise. Das treibt die langfristigen Zinsen in die Höhe, sodass für mehr und mehr Länder aus einem vorübergehenden Liquiditätsproblem ein dauerhaftes Solvenzproblem wird. Da die Regulierer die Staatsanleihen immer noch als sicheren Kern des Finanzsystems behandeln, bedroht dieser Teufelskreis nicht nur die Stabilität von Finanzinstituten der Eurozone, sondern auch in der restlichen Welt. Er intensiviert die Rezessionsneigung der Weltwirtschaft, wodurch sich wiederum die Finanzlage von Staaten verschlechtert. Es ist ein perfekter Teufelskreis.

Dieser kann nur durchbrochen werden, indem der Bond-Run so schnell wie möglich gestoppt wird. Eine Möglichkeit wäre die gemeinsame Haftung der Mitglieder der Eurozone für Staatsanleihen. Aber wie die Reaktion der Regierung Angela Merkel auf einen kürzlich erfolgten Vorschlag des Sachverständigenrats zur Begutachtung der gesamtwirtschaftlichen Entwicklung gezeigt hat, stehen die Aussichten für eine solche Lösung nicht besonders gut.

Eine Alternative ist der in der *Financial Times* vom 25. Oktober skizzierte Soros-Plan [siehe Seite 154 f.]. Die offiziellen Stellen könnten die Europäische Finanzstabilisierungsfazilität (EFSF) einsetzen, um die Europäische Zentralbank in die Lage zu versetzen, als letzter Kreditgeber in der Not zu fungieren, ohne dadurch ihre Satzung zu verletzen. Die EZB würde praktisch unbegrenzte Mengen an Liquidität bereitstellen, während die EFSF die EZB gegen die Solvenzrisiken absichern würde, die sie eingehen würde. Wenn sie gemeinsam handeln würden, könnten sie die Liquiditätsprobleme der Banken lösen und finanzpolitisch verantwortungsvolle Staaten in die Lage versetzen, kurzfristige Staatsanleihen zu weniger als einem Prozent auszugeben.

Leider haben die Politiker nicht einmal angefangen, über diesen Plan ernsthaft nachzudenken. Ursprünglich hatten sie die EFSF als Möglichkeit ins Auge gefasst, für Staatsanleihen zu bürgen. Wenn die EFSF als Bürge für das Bankensystem eingesetzt würde, müssten sie ihre Denkweise neu ausrichten. Als die EFSF im Juli erstmals vorgeschlagen wurde, hätte sie noch ausgereicht, um sich um Griechenland, Portugal und Irland zu kümmern. Doch seither hat sich die Ansteckung auf Italien und Spanien ausgebreitet und die Bemühungen, die EFSF zu hebeln, sind auf rechtliche und technische Schwierigkeiten gestoßen.

Da der Soros-Plan einige Vorbereitungszeit benötigen würde, wäre es zwischenzeitlich an der EZB, sich mit der Situation zu befassen, die sich schnell verschlechtert. Am Montag, dem 14. November 2011, hat es der Bundesbankpräsident infrage gestellt, ob die EZB als letzter Kreditgeber agieren darf. Am Dienstag griff die Ansteckung auf die restliche Eurozone über. Die Finanzmärkte testen die EZB und wollen herausfinden, was sie alles darf.

Die EZB darf bei dieser Prüfung auf keinen Fall durchfallen. Die Zentralbank muss den Bond-Run um jeden Preis stoppen, denn er gefährdet die Stabilität der Einheitswährung. Kurzfristig geschieht das am besten, indem die Rendite der Anleihen von Staaten, die eine verantwortliche Finanzpolitik betreiben und die keinen Anpassungsprogrammen unterliegen, gedeckelt wird. Anfangs könnte man die Obergrenze beispielsweise auf fünf Prozent legen und sie dann nach und nach senken, wenn es die Umstände zulassen. Wenn die EZB bereitstünde, unbegrenzte Mengen zu kaufen, würde sie im Endeffekt den Zinsdeckel in einen Boden verwandeln, von dem aus die Anleihepreise nach und nach steigen würden, ohne dass die EZB wirklich unbegrenzte Mengen aufzukaufen bräuchte. Genau das hat die Schweizer Regierung erfolgreich getan, als sie den Franken zu 120 an den Euro band.

Normalerweise legen Notenbanken nur kurzfristige Zinsen fest, aber dies sind keine normalen Zeiten. Staatsanleihen, die als risikolos galten, als Finanzinstitute sie kauften, und die von den Regulierern immer noch so behandelt werden, haben sich in höchst riskante Vermögenswerte verwandelt. Italienische und spanische Anleihen gelten als zu riskant für den Kauf zu sieben Prozent Rendite, weil man sie für toxisch hält und die Rendite genauso gut auf zehn Prozent steigen könnte. Aber die gleichen Anleihen könnten beispielsweise zu vier Prozent im derzeitigen deflationären Umfeld durchaus attraktive langfristige Anlagen sein, wenn das überzogene Risiko durch die verordnete Zinsdeckelung auf fünf Prozent beseitigt würde.

Die aktuellen Bond-Runs sind dadurch zustande gekommen, dass die Ansichten der staatlichen Stellen zu den Anleihekäufen der EZB hart aufeinanderprallen. Die Bundesbank war und ist lautstark dagegen. Aber die Deflationsgefahr ist real und wird so langsam sogar in Deutschland anerkannt. Die Satzung der EZB verlangt die Erhaltung der Preisstabilität, wozu es gehört, hinsichtlich Inflation und Deflation die gleiche Sorgfalt walten zu lasen. Die herrschende Asymmetrie steht nicht in der Satzung der EZB, sondern steckt in den Köpfen der Deutschen, die durch die Hyperinflation traumatisiert sind. Aber der EZB-Rat ist eine unabhängige Behörde, deren Unabhängigkeit sogar die Bundesbank respektieren muss.

Man sollte die Zinsobergrenze als Notmaßnahme betrachten. Mittelfristig könnte sie Politiker dazu verleiten, ihre Finanzdisziplin wieder aufzugeben. So wird beispielsweise Berlusconi in Italien darauf warten, dass Mario Monti stolpert. Deshalb sollte die Atempause, die durch den Zinsdeckel gewonnen wird, zur Einführung angemessener Finanzvorschriften und zur Entwicklung einer Wachstumsstrategie genutzt werden, welche die Eurozone in die Lage versetzen würde, sich durch Wachstum aus ihrer überzogenen Verschuldung zu befreien.